LES
GANDINS

PAR

LE VICOMTE PONSON DU TERRAIL

auteur de

La Jeunesse du Roi Henri, le Diamant du Commandeur, les Drames de Paris, les Exploits de Rocambole, le Club des Valets de Cœur, la Revanche de Baccarat, la Dame au Gant noir, les Compagnons de l'Épée ou les Spadassins de l'Opéra, la Belle Provençale, la Cape et l'Épée, la Contessina, les Cavaliers de la Nuit, Bavolet, Diane de Lancy, la Tour des Gerfauts.

V

PARIS

L. DE POTTER, LIBRAIRE-ÉDITEUR

RUE FONTAINE MOLIÈRE, 27.

LES GANDINS

LES MARIONNETTES DU DIABLE
PAR XAVIER DE MONTÉPIN

LA JEUNESSE DU ROI HENRI
ROMAN HISTORIQUE
PAR LE VICOMTE PONSON DU TERRAIL

UNE FEMME A TROIS VISAGES
PAR CH. PAUL DE KOCK

LE ROI DES GUEUX
PAR PAUL FÉVAL

LES ÉMIGRANTS
PAR ÉLIE BERTHET

LES PRINCES DE MAQUENOISE
PAR H. DE SAINT-GEORGES

LES
GANDINS

PAR

LE VICOMTE PONSON DU TERRAIL

auteur de

La Jeunesse du Roi Henri, le Diamant du Commandeur, les Drames de Paris, les Exploits de Rocambole, le Club des Valets de Cœur, La Revanche de Baccarat, la Dame au Gant noir, les Compagnons de l'Épée ou les Spadassins de l'Opéra, la Belle Provençale, la Cape et l'Épée, la Contessina, les Cavaliers de la Nuit, Bavolet, Diane de Lancy, la Tour des Gerfauts.

V

PARIS

L. DE POTTER, LIBRAIRE-EDITEUR

RUE FONTAINE MOLIÈRE, 27.

Droits de traduction et de reproduction réservés.

1861

LES
PRINCES DE MAQUENOISE

PAR

H. DE SAINT-GEORGES

auteur de l'*Espion du grand monde*, un *Mariage de prince*, et des œuvres dramatiques
suivantes : les *Mousquetaires de la Reine*, le *Val d'Andorre*, la *Reine de
Chypre*, la *Fille du régiment*, etc., etc.

Les *Princes de Maquenoise* ont produit une grande impression à leur apparition.

Cette impression est due non-seulement au mérite de ce livre et au nom de l'auteur, mais à ce qu'on y retrouve les brillantes qualités des meilleures productions de M. de Balzac.

Originalité puissante du sujet, observation merveilleuse du cœur humain et de la vie sociale, de la vie de Paris, surtout; cette tendre et religieuse philosophie de l'âme qui touche parfois aux idées les plus élevées, et explique la popularité si générale, si européenne des romans de Balzac, voilà ce qui existe à un degré très-éminent dans les *Princes de Maquenoise*.

Quant à la partie théâtrale et saisissante du drame, on peut s'en rapporter à M. de Saint-Georges, l'auteur de tant d'ouvrages dramatiques qui depuis quinze années font la fortune de tous les théâtres de notre capitale et des pays étrangers.

Un auteur d'une grande valeur, Mme Ch..... R......, disait en achevant un livre de M. de Saint-Georges : Quand on termine un de ses chapitres on croit toujours voir baisser la toile.

C'est à la fois un grand éloge et une vérité.

LES
MYSTÈRES DE LA CONSCIENCE

PAR

ÉTIENNE ÉNAULT

La conscience est assurément le plus étrange et le plus terrible attribut de l'âme humaine. Le roman et le théâtre l'ont déjà étudiée en ses diverses manifestations. Mais, nous osons le dire, jamais ses mystères n'ont été aussi savamment approfondis que dans l'œuvre dont nous signalons ici la publication.

Presque toutes les fois qu'on a dramatisé le remords, on a mis en scène des assassins n'inspirant que terreur ou dégoût et fatalement marqués pour l'échafaud. Tôt ou tard la loi intervient, les coupables sont punis, en sorte que la justice de Dieu, n'est, en réalité, que la justice des hommes. Conclusion salutaire mais incomplète. Dans LES MYSTÈRES DE LA CONSCIENCE, M. Étienne Énault a voulu dégager le principe divin de toute appréhension causée par le code criminel et donner ainsi au remords son caractère le plus saisissant et le plus moral. Il a fait de Maxime Tréhouart une sorte d'ange rebelle, dont le forfait n'est point irréparable, mais qui a résolu de dompter sa conscience. Dans une lutte acharnée le titan est vaincu, et son repentir amène sa rédemption. Ici, tout est indépendant de la vindicte sociale. Dieu seul est le justicier : ce qui prouve que rien n'échappe à sa loi souveraine, éternelle.

Autour du personnage principal, dessiné avec une vigueur peu commune, se groupent des types variés, odieux ou charmants, qui rappellent l'énergie de Balzac et la grâce de George Sand. Quant au style, nous croyons qu'aucun ouvrage dramatique n'est écrit avec plus de force, d'élégance et de pureté.

Paris. — Imprimerie de P.-A. BOURDIER et Cie, 30, rue Mazarine.

CHAPITRE PREMIER.

1

Le mobilier de cette prison improvisée se composait d'un lit, d'une table chargée de livres, de deux chaises et du fauteuil dans lequel le comte était descendu.

M. de Morangis leva les yeux et n'aperçut point la voûte, d'où il put conclure qu'il se trouvait à une grande profondeur.

Depuis douze heures, le comte avait été en proie à tant et de si diverses émotions qu'il commençait à s'y faire. Aussi, loin de s'abandonner à une rage folle, comme on aurait pu le croire, se prit-il, au contraire, à réfléchir de nouveau à sa situation, et il s'adressa le monologue suivant :

— Si, comme le dit M. de Mas, je dois être libre dans quinze jours, malgré cette comédie qui vient d'avoir lieu, il n'est pas possible qu'on me supprime ainsi du nombre des vivants, et pour qu'on ait pu y songer, il faut qu'on ne m'ait pas tout dit encore...

M. de Morangis se souvenait du sourire mystérieux de M. de Mas.

— Comment cet homme, poursuivit-il, peut-il espérer que Paris entier croira à ma mort alors que je reparaîtrai, que j'irai voir mes amis, ma mère... et qu'il me suffira de me montrer en plein midi sur le boulevard!

Une sueur glacée perla tout à coup au front du comte. Il avait eu moins peur en voyant le canon du pistolet de M. de Mas braqué sur lui, il avait eu moins peur encore en sentant le poison brûler sa poitrine.

Une pensée terrible lui était venue tout à coup :

— Qui sait, pensa-t-il, si je ne suis

point condamné à une prison perpétuelle?

Et il songea qu'il avait écrit et signé quelques lignes, en guise de testament, qui pouvaient arrêter les investigations de la justice ; que le château où il se trouvait était situé au milieu des bois, et que ce château appartenait maintenant à Blanche de Pierrefeu, dont tout l'amour s'était changé en haine.

Pour la première fois, cet homme à qui tout réussissait dans la vie, qui n'aimait personne, qui se riait des douleurs qu'il provoquait, cet homme qui avait tué froidement le baron de Nesles, — voyait poindre à l'horizon de sa vie un châtiment terrible, la prison éternelle, et cela en 185..., en pleine France, sous un gouvernement éclairé et fort.

Une fois abandonné à la terreur, M. de Morangis fit le tour de son cachot comme un loup pris au piége fait le tour de sa fosse; un ardent désir de liberté s'empara de lui, et il alla se placer sous la meurtrière qui laissait filtrer un mince rayon de jour dans son cachot. Un moment il avait songé à s'échapper par là; mais cette espérance lui parut bientôt insensée, car la meurtrière allait en se rétrécissant vers son extrémité supérieure, et aucun corps humain n'eût pu se glisser par son ouverture, en admettant qu'il eût pu y grimper.

Le comte sonda les murs avec son poing.

Les murs ne rendirent aucun son.

Il essaya d'ébranler la porte ; mais la porte était solide et le bruit inutile qu'il fit se perdit au dehors et ne rencontra point d'écho.

A cet accès de rage impuissant succéda bientôt une sorte de prostration qui dura plusieurs heures...

La fin du jour arriva, et la clarté qui tombait du haut de la meurtrière s'éteignit.

Le comte était à jeun depuis la veille au soir, et un moment il demeura persuadé qu'on voulait le laisser mourir de faim.

Mais tout à coup la porte de son cachot s'ouvrit et livra passage à un flot de clarté.

Un homme entrait, un flambeau d'une main, un panier de l'autre. Cet homme avait le visage barbouillé de suie, et M. de Morangis le reconnut pour un de ses tourmenteurs de la nuit précédente.

Cependant, il avait tant désespéré

déjà, depuis quelques heures, de jamais revoir un être humain, qu'il accueillit celui-ci comme un ami et un libérateur, et poussa un cri de joie.

— Monsieur le comte, lui dit l'homme au visage noirci, j'ai l'honneur d'être votre geôlier provisoire...

— Provisoire?... balbutia le comte, comme s'il eût cherché vainement la signification de ce mot.

— Oui, monsieur... pour quinze jours, du moins.

— Quinze jours?...

Et le comte sortit de son abattement et se souvint que M. de Mas lui avait affirmé plusieurs fois que sa captivité ne durerait que quinze jours...

— Dans quinze jours, reprit l'inconnu, monsieur le comte sera libre.

Il posa le panier sur la table en ajoutant :

— J'apporte à souper à monsieur le comte. Madame la comtesse de Morangis...

Ces mots arrachèrent un nouveau cri au comte. Il avait oublié déjà que depuis le matin il y avait deux comtesses de Morangis.

— Madame la comtesse, poursuivit le geôlier, entend que monsieur soit bien nourri, bien couché, et qu'on lui envoie le meilleur vin du château.

En parlant ainsi, il étalait sur la table plusieurs mets de fort bonne mine et tirait du panier deux flacons poudreux dans lesquels miroitait un vin jaune comme de l'ambre.

— Ainsi, demanda le comte qui commençait à se calmer un peu, tu dis que dans quinze jours je serai libre ?

— Pas tout à fait, mais à peu près...

— Ah! pas... tout... à... fait?

— C'est-à-dire que M. le comte sortira d'ici, et qu'à la porte du château il trouvera une chaise de poste.

— Ah!

— Dans laquelle j'aurai l'honneur de monter auprès de lui.

— Et où me conduiras-tu?

— Où M. le comte voudra, pourvu qu'il s'éloigne de trente lieues environ.

Le comte, un peu rassuré, retrouva son humeur railleuse.

— Est-ce que madame la comtesse, dit-il, craint que je lui vienne réclamer mes droits?

Le geôlier ne répondit pas; mais il

laissa le flambeau sur la table, salua et sortit.

M. de Morangis avait d'horribles tiraillements d'estomac; et, bien qu'il eût vaguement la crainte qu'on le voulût empoisonner de nouveau, il ne put résister plus longtemps au besoin d'apaiser sa faim. Il se mit donc à table, mangea et but.

Le vin était excellent, mais très-capiteux sans doute, car, une heure après, M. de Morangis dormait profondément.

Quand il se réveilla, la nuit avait fait place au jour; un rayon de soleil qui filtrait par la meurtrière lui apprit même qu'il était pour le moins midi.

La bougie laissée sur la table la veille avait disparu ainsi que les restes de son souper.

On était entré dans son cachot et il ne s'était point éveillé.

M. de Morangis attribua cet excès de sommeil à la fatigue pleine d'émotions de la nuit précédente; et comme il s'éveillait l'esprit calme et reposé, il se prit à méditer sur sa situation.

— Allons! décidément, pensa-t-il, M. de Mas et la comtesse de Morangis, s'ils me relâchent dans quatorze jours, seront des niais, et ils auront vainement annoncé ma mort. Palsambleu! je ne serai pas méconnaissable dans quinze jours, et on me reconnaîtra...

Comme il prononçait ces mots à mi-voix, le comte entendit du bruit et vit s'ouvrir la porte de sa prison.

L'homme barbouillé de suie entrait.

— N'est-ce pas, lui demanda le comte, que quinze jours n'ont jamais vieilli un homme ?

— Hé ! hé ! qui sait ? fit l'inconnu.

Et le comte vit glisser sur ses lèvres le sourire mystérieux qui l'avait si fort épouvanté la veille, chez M. de Mas.

L'homme barbouillé de suie posa sur la table un nouveau panier de provisions.

—Monsieur le comte a-t-il bien dormi? demanda-t-il.

— Oui, quoique tout habillé.

—Monsieur le comte était fort las?

— C'est vrai.

— Et le sommeil l'a surpris, sans doute!

— Quelle heure est-il?

Le comte avait tiré sa montre, qu'il avait oublié de monter la veille, et qui se trouvait arrêtée.

— Il est midi, monsieur.

— Tu m'apportes à déjeuner?

— Oui, monsieur le comte, bien qu'il ne soit pas dans l'usage de faire manger les morts.

— Hein ?

—Car c'est aujourd'hui que monsieur le comte a disparu du château.

— Ah !

— Et qu'il s'est jeté dans la Cure.

— Vraiment?

Et le comte se mit à rire.

— Le garde-chasse a retrouvé les vêtements de M. le comte, ceux qu'il avait au château de Mailly-sur-Yonne...

— Où les a-t-il retrouvés ?

— Au bord de la rivière, sur la lisière du bois, en un endroit où la Cure est très-profonde.

— Mais il n'a point retrouvé mon corps, j'imagine ?

— On le retrouvera demain, probablement.

— C'est parfait, ricana M. de Morangis.

— Madame la comtesse a lu le billet fatal tracé par M. le comte, et dans lequel il annonçait son suicide.

— Vraiment?

— Elle s'est évanouie.

— O la belle comédienne!

— Et madame la comtesse de Pierrefeu, la belle-mère de M. le comte, est comme folle de douleur...

— Tout cela est charmant, en vérité !

— Déjà toutes les personnes des environs, poursuivit le geôlier, sont prévenues de cet affreux malheur. Oh! M. le comte aura un bel enterrement...

Cette fois le comte n'y tint plus. Il s'abandonna à un bruyant éclat de rire, tout en se mettant à table et se versant une ample rasade de ce vin couleur d'ambre qui lui avait paru si bon.

Le vin était bon, en effet; seulement il possédait de singulières propriétés narcotiques, car M. de Morangis sentit, son déjeuner terminé, que sa tête s'appesantissait de nouveau, et, moins d'une heure après, il dormait de ce sommeil profond et sans rêves qui s'était emparé de lui la nuit précédente.

Cependant, lorsqu'il s'éveilla, il faisait jour encore dans le cachot.

— Diable de vin ! murmura-t-il, persuadé qu'il avait dormi une heure à peine.

Le rayon de soleil glissait toujours perpendiculairement de la meurtrière sur le sol.

— Il ne faut pas que j'aie dormi longtemps, pensa le comte, Cependant ce damné vin m'a empâté la langue... Il me semble... que... je... bredouille...

Les vestiges du déjeuner avaient disparus.

— Voilà qui est singulier !.. murmura encore le prisonnier; il n'y a pourtant pas longtemps que j'ai déjeuné, et voici que j'ai encore faim.

En ce moment, M. de Morangis entendit un bruit de cloches sonnant à toutes volées.

— Tiens, dit-il, c'est un glas funèbre !... Est-ce qu'on annonce ma mort aux populations désolées?

L'homme barbouillé de suie entra et se chargea de la réponse.

— Monsieur le comte, dit-il, ne sait peut-être pas que son corps est retrouvé depuis hier soir?

— Hein? fit le comte en tressaillant.

— On l'a trouvé à trois lieues en aval, le visage enterré dans le sable et complétement défiguré.

— Ah ça! es-tu fou? exclama le comte...

— Pas que je sache, monsieur.

— Comment peut-on retrouver mon corps hier soir, puisque, à ton dire, je ne me suis noyé que ce matin?

Le geôlier sourit.

— M. le comte dort depuis hier midi, dit-il.

— Depuis hier?

— Mais oui.

— C'est impossible!

Le comte tira sa montre : il l'avait mise à l'heure à midi cinq minutes, et elle marquait midi moins le quart.

— M. le comte boit beaucoup trop du vin que je lui sers et qui est très-capiteux. Il a dormi soixante-douze heures en deux fois.

— Comment ! soixante-douze heures ?... balbutia le comte stupéfait.

— Hier, monsieur le comte s'est éveillé après avoir dormi deux jours...,

— Mais...

—De telle façon qu'il est descendu ici le 12 au soir et que c'est aujourd'hui le 15.

— Tu te moques de moi !...

— Nullement. La preuve en est que c'est aujourd'hui qu'on rend à M. le comte les derniers devoirs et qu'il s'est suicidé il y a deux jours.

Ces détails, tout en stupéfiant M. de Morangis, le mettaient en belle humeur.

—Je ne serais pas fâché, dit-il, d'avoir

quelques renseignements sur mes funérailles.

— Je suis prêt à satisfaire M. le comte.

— Ah ! voyons.

— D'abord M. le comte recevra l'absoute à midi précis.

— Bien... en quel endroit ?

— Dans la chapelle du château. Tous les prêtres des environs se sont réunis pour cela.

— En vérité.

— Ensuite on placera la bière de M. le comte dans un char attelé de quatre chevaux de poste?

— Pourquoi de poste?

— Parce que le comte doit être inhumé à Paris.

— Je ne le savais pas.

— Dans son caveau de famille, au Père-Lachaise, M. le comte sait bien qu'il a un caveau.

— Parfaitement, mais je n'y ai jamais tenu beaucoup.

—C'est un tort, dit gravement le geôlier; c'est surtout dans ces moments-là qu'on aime à être avec sa famille.

—Bon! dit le comte... Ainsi on m'enterre à Paris?

— Oui, monsieur. Il y aura une nouvelle cérémonie à la Madeleine. Le deuil sera conduit par votre meilleur ami, M. Gustave Chaumont.

— Voilà qui est trop fort... Mais, s'interrompit le comte, en jetant les yeux autour de lui, qu'ai-je donc dans la bouche ? il me semble que ma langue s'épaissit et que... je... bredouille de plus en plus.

Le geôlier ne répondit point.

— Donne-moi donc une glace ! dit encore le comte, qui s'aperçut que cet objet manquait à l'ameublement de sa chambre.

Le geôlier secoua la tête.

— Cela m'est défendu, dit-il.

— Hein ? fit le comte.

— M. de Mas m'a bien recommandé

de ne donner à M. le comte ni glace ni objet luisant dans lequel il pût se mirer.

— Pourquoi donc?

Le geôlier se tut. Puis il ouvrit le panier qu'il avait apporté et en retira le déjeuner habituel du comte.

Seulement les bouteilles de vin jaunâtre avaient fait place à une large cruche en grès dans laquelle étincelait un vin couleur de rubis.

— Tiens, dit le comte, il paraît que ce n'est plus le même?

— En effet, monsieur.

— Pourquoi?

— Parce que l'autre est inutile maintenant.

— Hein?

— L'autre renfermait une certaine quantité de contre-poison.

— Ah! je n'étais donc pas complétement guéri?

— Oh! si fait.

— Alors, à quoi bon?

Le geôlier se prit à sourire.

— C'est le secret de M. de Mas, dit-il.

Et il s'en alla.

. . . .

Plusieurs jours s'écoulèrent d'une façon très-monotone pour M. de Morangis.

Le geôlier lui apportait à déjeûner et à dîner, refusait de répondre à ses questions et se retirait.

Le comte avait demandé à plusieurs

reprises du papier et de l'encre pour écrire, il avait demandé une glace, et tout lui avait été refusé.

En second lieu, M. de Morangis éprouvait une douleur sourde à la langue et bredouillait de plus en plus. On eût dit qu'il ressentait une espèce de paralysie de cet organe.

Huit jours s'écoulèrent.

Un matin, le geôlier entra de meilleure heure qu'à l'ordinaire et le regarda attentivement.

— Monsieur, lui dit-il, je crois qu'on peut vous faire grâce de trois jours.

— Plaît-il, fit le comte, qui balbutiait de plus en plus.

— Je crois que vous pourrez sortir ce soir.

— Ah!... vous... croyez?

— Oui.

Et le geôlier s'en alla.

Il revint à l'heure du dîner.

— La chaise de poste sera prête à huit heures, dit-il, et monsieur le comte pourra, d'ici là, réfléchir sur le lieu où il veut être conduit.

— Je veux... aller... à Paris...

Le comte fit un effort suprême, après avoir prononcé ces derniers mots.

— Ah! diable! dit-il, j'ai mal à la langue. Que m'avez-vous donc fait boire?

Le geôlier ne répondit pas, et sortit.

M. de Morangis fut, pendant deux heures, en proie à une anxieuse impatience; il avait hâte de sortir de ce cachot, hâte de respirer le grand air, de voir la lumière du soleil et de courir à Paris demander vengeance.

Mais la paralysie de la langue dont il se sentait atteint l'inquiétait, et il se demandait, avec une appréhension inexplicable, dans quel but on lui avait constamment refusé une glace.

Huit heures sonnèrent à l'horloge du château, dont les sons lui arrivaient affaiblis, mais distincts, par la meurtrière.

Presque au même instant son geôlier reparut.

— Sir George Trenck, lui dit-il, votre chaise de poste est attelée.

—Ah! fit le comte, dont la parole était de plus en plus embarrassée, pourquoi m'appelez-vous...?

— George Trenck?

— Oui.

—Mais parce que c'est votre nom désormais. Tenez, voilà votre passeport.

Il a été visé à l'ambassade anglaise à Turin, d'où vous venez.

En parlant ainsi, l'homme barbouillé de suie tendit à M. de Morangis un portefeuille en maroquin vert, et il ajouta :

— Il renferme des lettres, des papiers au nom de Trenck, une somme de vingt mille francs en billets de banque et le titre qui vous crédite d'une pension annuelle sur la succession de feu M. le comte de Morangis.

Le comte était abasourdi.

— Venez, sir George, insista le geôlier, qui lui jeta un manteau sur les épaules en même temps qu'il approchait furtivement sa main du verre dans lequel le comte avait bu.

— Prenez un dernier verre de vin, lui dit-il. La route est longue...

Le comte, sans défiance, vida son verre, demeuré à demi plein.

Puis il suivit son geôlier.

Ce dernier le prit par la main, le fit sortir de la salle basse et le guida à travers le dédale d'un long corridor obscur, à l'extrémité duquel le comte retrouva cet escalier par lequel il était descendu, lors de son arrivée au château, dans la salle voûtée et octogone.

Quand il eut gravi cet escalier, il se trouva dans un autre corridor inondé des rayons de la lune, et en face d'une petite cour au fond de laquelle il entrevit une porte ouverte.

— C'est par là, lui dit son geôlier.

Il le conduisit vers cette porte et lui

montra, près du seuil, une chaise de poste attelée.

Le marchepied était baissé, la portière ouverte.

— Montez! dit l'inconnu.

Le comte obéit. Son guide s'installa auprès de lui, et la chaise partit au grand trot.

Le geôlier était retombé dans son mutisme ordinaire, et, moins d'une heure après son départ, M. de Morangis se sentit pris de nouveau par ce besoin de sommeil extraordinaire qu'il avait ressenti déjà.

Bientôt ses yeux se fermèrent, quelque effort qu'il fît pour les tenir ouverts, et un sommeil de plomb s'empara de lui.

Lorsqu'il s'éveilla, la nuit tout entière s'était écoulée, et la chaise de poste roulait à travers de vastes plaines que le comte reconnut pour être celles de la Brie.

— Nous sommes loin du Morvan, sir

George Trenck, lui dit son geôlier, qui était toujours assis à ses côtés.

Le comte voulut parler, mais sa langue était de plus en plus embarrassée.

Alors l'homme barbouillé de suie se reprit à sourire :

— C'est le contre-poison, dit-il, qui produit son effet.

— Le con...tre.. poi...son, balbutia le comte, qui ne s'exprimait plus que comme un homme ivre.

— Oui, monsieur ; ce contre-poison,

dit l'inconnu, s'il vous a sauvé la vie, il vous a paralysé la langue. Dans trois jours vous ne parlerez plus du tout... et il vous sera impossible de raconter votre histoire...

— Mais... on... me... reconnaîtra ! exclama le comte, devenu livide.

— Je ne pense pas, répondit le comte, regardez plutôt !

Alors il écarta un rideau qui masquait une petite glace étamée placée entre les deux vitres de la chaise de poste, et il dit au comte :

— Regardez-vous donc, sir George Trenck !

M. de Morangis se pencha avidement vers la glace, regarda son visage, fit un soubresaut et laissa échapper un cri d'épouvante et d'horreur...

CHAPITRE DEUXIÈME.

II

M. le comte Paul de Morangis apercevait dans la glace de la voiture un visage jaune comme de l'ambre, jaspé çà et là de taches bleuâtres, éclairé par

LES GANDINS.

deux yeux injectés d'un sang également jaune... et ce visage c'était le sien.

En même temps il voulut parler, et sa voix, qui était toujours allée s'enrouant, lui parut plus tremblante et plus rauque que jamais.

L'épouvante et la stupeur du comte étaient à leur comble.

— Sir George Trenck, dit froidement l'homme barbouillé de suie, vous êtes allé aux Indes et vous y avez gagné une maladie, assez répandue parmi les

Malais, qui a ce caractère étrange qu'elle se contente de défigurer, ne fait nullement souffrir et n'empêche point de vivre très-vieux.

— Misérable !... balbutia le comte.

— Cette maladie, poursuivit l'inconnu, vous a été inoculée par le contre-poison que vous avez pris ; en même temps vous avez été atteint, grâce à un narcotique dont votre vin était mélangé, d'une paralysie de la langue qui vous fera bégayer tout le reste de votre vie.

Le comte roulait des yeux hagards autour de lui.

— Convenez, sir George Trenck, qu'il ne reste plus rien en vous du séduisant comte de Morangis, et que vos amis auront de la peine à vous reconnaître. Mais, acheva l'inconnu, nous voici bien loin du château de Roche-Noire, et j'ai ordre de vous quitter au point du jour.

Et il ouvrit brusquement la portière et sauta sur la route, sans que la voiture se fût arrêtée.

— Où voulez-vous aller? cria-t-il.

Le comte fit un effort suprême pour sortir de sa prostration.

— A Paris, balbutia-t-il.

— A Paris! répéta l'inconnu aux postillons.

Puis il se jeta de côté et s'enfonça dans les taillis qui bordaient la route.

. . . .

La chaise de poste roula toute la journée et s'arrêta deux fois, à dix heures du matin et à cinq heures du soir, pour que M. de Morangis pût prendre quelque nourriture.

Dans les deux auberges où il descendit, les garçons et le maître d'hôtel parurent stupéfaits en voyant cet homme au visage jaune semé de taches bleuâtres.

Mais les postillons répondirent aux questions qui leur furent faites :

— C'est un Anglais qui revient des Indes et qui est encore malade.

En effet, le comte était dans un tel

état d'abattement qu'il ne pouvait se soutenir.

Vers le milieu de la seconde nuit de voyage, la chaise atteignit Fontainebleau.

Alors seulement M. de Morangis songea à prendre un parti.

— Je vais arriver à Paris, se dit-il, et évidemment personne ne me reconnaîtra. Que faire ? Il ne faut pas songer à descendre chez moi : ma mère elle-même douterait de mon identité... Et puis... elle me croit mort... et je ne serais pas fâché de me survivre pendant quelques jours. Ce sera une consolation à mon malheur. J'irai me loger à l'hôtel Meurice sous le nom de George Trenck, puisque c'est le mien maintenant, et j'enverrai chercher, l'un après l'autre, tous les médecins de Paris. Peut-être s'en trouvera-t-il un qui me guérira.

Ce plan adopté, M. de Morangis continua sa route vers Paris et arriva, en effet, à l'hôtel Meurice, vers huit heures du matin.

Certes, l'hôtel Meurice était pourtant habitué à voir descendre des hommes de toutes les couleurs, depuis les nababs de l'Inde jusqu'aux plénipotentiaires des républiques noires ; — mais l'étrange visage du comte de Morangis n'en fit pas moins jeter les hauts cris à tout le monde.

— Quelle drôle de *binette* ! s'écria un

gamin qui vit le comte descendre de voiture.

Le comte demanda un confortable appartement et s'y installa.

Quand on lui apporta le registre de police de l'hôtel, il y écrivit son nouveau nom :

Sir George Trenck, esq.

M. de Morangis s'était dit :

— Si aucun médecin ne peut me guérir, si je dois être jaune et bleu le reste de mes jours, je préfère mille fois demeurer sir George Trenck qu'essayer de me faire reconnaître pour ce brillant comte de Morangis qui était un des lions de la fashion parisienne.

Tout à coup il songea à son étrange ami, à l'homme qui se disait son père, au *docteur rouge*, enfin.

Le docteur rouge avait longtemps habité les Indes; il connaissait tous les poisons de ce brûlant pays.., il pouvait peut-être le guérir.

Mais où était le docteur rouge ?

M. de Morangis avait vu pour la dernière fois le bizarre personnage le jour de son duel avec M. de Nesles.

Le baron mort, M. de Morangis était revenu chez lui, et le docteur rouge l'avait quitté en lui apprenant qu'il partait le soir même pour un long voyage.

Quand il était à Paris, le docteur habitait rue Saint-Honoré, hôtel du Luxembourg.

M. de Morangis sonna un garçon de l'hôtel, et comme il avait toutes les peines du monde à s'exprimer nettement, il lui remit, écrit au crayon, un mot ainsi conçu :

« Savoir, rue Saint-Honoré, hôtel du Luxembourg, si le docteur Samuel est à Paris. »

Le garçon partit et revint au bout d'une heure avec une réponse négative.

Le docteur avait quitté Paris depuis cinq mois. On pensait, à l'hôtel du Luxembourg, qu'il était parti pour l'Amérique.

Cette nonvelle fut un coup de foudre pour le comte.

Cependant il envoya quérir le docteur B..., une célébrité du corps médical.

Le docteur accourut. Un homme logé à l'hôtel Meurice ne saurait attendre, même un prince de la science.

Quand il eut envisagé le comte, le docteur lui dit :

— Vous avez eu la fièvre jaune, n'est-ce pas?

George Trenck secoua la tête d'une façon négative.

— Alors on vous a tatoué?

— Pas davantage.

Le docteur se fit montrer la langue du comte, lui tâta le pouls, se perdit en digressions et finit par dire qu'il ne voyait aucun moyen de faire disparaître cette étrange couleur de visage.

Un de ses confrères, appelé après lui, prétendit au contraire que le comte appartenait à la race indoue, et que la couleur de son visage était parfaitement naturelle.

Le comte passa deux jours à consulter tous les médecins de Paris.

Aucun ne put lui dire pourquoi il avait le visage jaune et bleu, et comment il pourrait le ramener à sa couleur naturelle.

Mais comme il descendait un matin, — il y avait trois jours qu'il était à Paris, — de son appartement à la salle à manger de l'hôtel, il rencontra un mulâtre qui le regarda fixement et lui dit en anglais :

— Tiens ! vous êtes allé aux Indes ?

Le comte tressaillit et répondit :

— Oui, monsieur. Comment pouvez-vous le savoir ?

— Je le vois à votre teint.

— Ah !

— Les Taugs vous ont fait prisonnier, sans doute ?

— Oui, dit encore le comte.

— Et ils vous ont empoisonné avec la feuille du tuba?

— C'est vrai.

— Vous deviez être fort blanc, continua le mulâtre, avant cette petite opération que vous avez subie?

— Très-blanc, en effet.

— Et depuis quand êtes-vous ainsi?

— Depuis quinze jours.

Le mulâtre haussa les épaules.

— Vous vous moquez de moi, dit-il,

même par la voie de Suez, il faut six semaines pour revenir de l'Inde.

Le comte prit le mulâtre à part.

— Voulez-vous monter dans ma chambre? lui dit-il... je vous parlerai?

— Volontiers, répondit le mulâtre.

M. de Morangis s'enferma avec lui et lui dit :

— Monsieur, vous êtes médecin, n'est-ce pas?

— Non, monsieur.

— Cependant, vous venez de m'indiquer la maladie...

— Ce n'est pas une maladie, c'est un empoisonnement.

— Comment le savez-vous?

— J'ai été empoisonné moi-même. Seulement, comme je suis de race nègre, au lieu d'être jaune, j'étais bleu.

— Et vous vous êtes guéri?

— On m'a guéri.

— Qui donc?

— Un médecin indien. Il n'y a qu'aux Indes qu'on peut vous guérir.

— Que me dites-vous donc, grand Dieu !

— Pour que vous soyez guéri en Europe, il faudrait justement y rencontrer un docteur brésilien qui possède le secret de ces empoisonnemeuts.

— Le docteur Samuel ! exclama M. de Morangis.

— Vous le connaissez ?

— Oui. Il était à Paris il y a cinq mois.

— Mais il n'y est plus. On prétend qu'il est reparti pour l'Amérique.

— C'est une erreur. Il doit être en Angleterre.

M. de Morangis poussa un cri de joie En un mois il pouvait fouiller l'Angleterre dans tous les sens et retrouver le docteur rouge.

— Mais, monsieur, lui dit le mulâtre,

il y a plus de quinze jours que vous êtes ainsi?

— Non, monsieur.

— Alors, vous ne revenez pas de l'Inde?

— Je n'y suis jamais allé...

— Je ne comprends pas comment, alors, vous pouvez être en cet état.

M. de Morangis éprouva le besoin de couper court aux questions du mulâtre par une petite fable des plus vraisemblables.

— Monsieur, lui dit-il, je vais vous avouer la vérité. J'ai trahi et abandonné une femme qui m'aimait et qui était d'origine indoue. C'est elle qui, pour se venger, m'a empoisonné.

— Ah! c'est différent...

— Et vous pensez que, seul, le docteur Samuel pourrait me guérir?

— En Europe, du moins. Aux Indes, le premier jongleur vous débarrassera de votre couleur jaune en trois mois.

— Il faut donc trois mois de traitement?

— Quelquefois plus.

M. de Morangis sonna et annonça qu'il partait le jour même pour le Havre, d'où il s'embarquerait pour Liverpool. Puis il offrit un cigare au mulâtre et le laissa redescendre à la salle à manger.

Deux heures après, M. de Morangis montait en voiture et se rendait au chemin de fer de la rue Saint-Lazare; quatre heures plus tard, il arrivait au Havre et se rendait sur le port pour s'y enquérir d'un navire en partance.

Au moment où il allait entrer dans les bureaux d'une compagnie de bateaux à vapeur, une jolie yole, partie d'un navire mouillé dans la rade, accostait le quai, et un voyageur, enveloppé dans toutes sortes de châles écossais, en sortait.

M. de Morangis étouffa un cri.

Cet homme, c'était le docteur rouge.

Il courut à lui et prit ses mains dans les siennes.

Étonné, le docteur le regarda et ne le reconnut point.

— Je suis le comte de Morangis, dit ce dernier.

Le docteur haussa les épaules d'abord; puis il le regarda plus attentivement et tressaillit.

— Docteur, répéta le comte, j'allais m'embarquer pour l'Angleterre à seule fin de vous y chercher pour que vous me guérissiez.

Le docteur, muet de stupeur, continuait à le regarder.

— Vous avez bien les traits du comte de Morangis, dit-il enfin, mais vous n'avez pas sa voix.

— On m'a empoisonné avec des feuilles de tuba, dit le comte.

Ce fut un trait de lumière pour le docteur.

— Venez avec moi, dit-il.

Et il le prit par le bras.

L'hôtel de l'amirauté était en face d'eux, le docteur y conduisit le comte et demanda un appartement.

Puis il s'y enferma avec lui.

Le comte s'exprimait avec une difficulté inouïe.

Tout autre que le docteur Samuel eût refusé énergiquement de le reconnaître.

Mais ce dernier, qui avait déjà ouvert une petite malle en cuir qu'il portait à la main, en retira un flacon renfermé dans une enveloppe d'osier, et le débouchant, il le présenta au comte.

— Buvez une gorgée, dit-il.

Le comte obéit; et, sur-le-champ, sa langue paralysée se délia et il prononça d'une voix claire et nette ces paroles :

— Ah! docteur, cela me brûle.

— C'est ma foi vrai, dit le docteur rouge, vous êtes bien le comte de Morangis.

— Hélas! oui, docteur.

— Mais qu'ai-je donc lu dans les journaux?

— Que j'avais épousé Blanche?

— Oui.

— Et que, deux jours après, je m'étais suicidé?

— Précisément.

— Il y a la moitié de vrai.

— Comment?

— J'ai épousé Blanche.

— C'est impossible.

— Mais je ne suis pas mort, et il faut

que vous me guérissiez, docteur, car je veux me venger.

— Vous venger ?

— Oui.

— Et de qui ?

— De M. de Mas, d'abord.

— Ah! ah!

— De ma femme ensuite.

— Mon cher enfant, dit le docteur, je vois bien que vous avez pris une décoction de feuilles de tuba, ce qui vous rend horrible; mais je vous demande où et comment cela a pu vous arriver. C'est une substance indienne tout à fait inconnue en Europe.

— C'est ma femme.

— Voyons, expliquez-vous, racontez-moi votre histoire...

— Oh! certes.

Et le comte s'assit; il narra son étrange histoire dans tous ses détails.

Le docteur l'écouta attentivement, sans l'interrompre.

Puis, quand le comte eut terminé son récit il se prit à sourire.

— M. de Mas est très-fort, dit il, et mademoiselle de Pierrefeu aussi.

— Ah! vous trouvez?

— Mais ils ont compté sans moi.

— Vous me guérirez, n'est-ce pas?

— Certainement.

— Et... bien vite?

— Oh! dit le docteur, je pourrais le faire en vingt-quatre heures.

— Vrai?

— Mais je ne le ferai pas.

— Pourquoi?

— Parce que je veux que vous puissiez jouir de la situation originale qui vous est faite.

— Je ne vous comprends pas, docteu.

— Eh bien! écoutez-moi, et vous serez de mon avis.

Le docteur se renferma à demi dans

un fauteuil, alluma un cigare et prit l'attitude d'un homme qui va développer quelque savante théorie.

CHAPITRE TROISIÈME.

III

III

Que se passa-t-il entre le docteur rouge et M. de Morangis dans l'appartement qu'ils avaient demandé à l'hôtel de l'Amirauté au Havre? Nous ne saurions le dire.

Mais, deux jours après, le docteur était de retour à Paris, et entrait au café Anglais pour y déjeuner.

Le personnel du salon des habitués était le même.

Le baron Rastemberg, le vicomte de Chardonneret, M. Eugène Renaud et M. Gustave Chaumont déjeunaient à la même table.

Le docteur rouge entra, se glissa dans

un coin et tourna lestement le dos aux quatre jeunes gens, de telle façon qu'aucun d'eux ne le remarqua.

M. Gustave Chaumont était arrivé à Paris le matin même, et il y avait cinq minutes à peine qu'il était entré, lorsque le docteur rouge fit son apparition.

L'arrivée de M. Gustave Chaumont avait produit une certaine sensation parmi les trois jeunes gens.

— Oh! parbleu! mon cher ami, s'était écrié le baron de Rastemberg, je suis bien heureux de vous voir enfin.

— Pourquoi, baron ?

— Mais pour avoir le mot de l'énigme, mon cher.

— De quelle énigme parlez-vous ?

Le comte de Chardonneret prit la parole à son tour.

— L'énigme dont nous parlons, l'énigme Morangis, dit-il.

— Ah ! fit M. Gustave Chaumont, sans sourciller.

— Un journal nous a appris son mariage avec Mademoiselle de Pierrefeu, dit M. Eugène Renaud.

— Deux jours après, reprit le baron, le même journal nous a annoncé sa mort.

— J'ai lu ce journal.

— Mais, ajouta M. de Chardonneret, quelques jours auparavant le *Sport* nous apprenait que deux hommes du monde parisien élégant, M. Gustave Chaumont et M. le comte de Morangis, allaient fêter la Saint-Hubert au château de Mailly-sur-Yonne, chez M. Victor Séclain, le Léon Bertrand du Morvan.

— Tout cela est vrai, messieurs.

— Comment, vrai ?

— Le comte et moi nous sommes allés chez M. Victor Séclain.

— Et... le comte s'est marié ?

— Pas que je sache !

— Et il est mort ?

— Dame ! on le dit.

— Ah çà, mon cher Chaumont, dit le

baron Rastemberg, ceci devient au moins original.

— Plaît-il?

— Nous vous demandons le mot d'une énigme et vous devenez énigme vous-même.

— Malgré moi, messieurs.

— Comment cela?

— Je suis parti avec Morangis, nous sommes arrivés chez Séclain ensemble, et je ne sais plus du tout ce qui s'en est suivi.

— Par exemple!

—Vous vous êtes donc assoupi, comme la belle au bois dormant?

— Non, mais j'ai perdu Morangis de vue. Voilà tout ce que je puis vous dire.

— Ceci est au moins bizarre.

— Dites mieux, c'est étrange. Nous sommes arrivés le soir, la veille d'une grande chasse à courre; M. de Morangis devait en être. Après le dîner, il est descendu dans le parc pour aller fumer un cigare.

— Et puis?

— Et depuis lors on ne l'a jamais revu, messieurs.

— Allons donc!

— Parole d'honneur... le journal qui annonçait son mariage, huit jours après nous a donné, le premier, de ses nouvelles.

— Chaumont, vous nous faites là un conte à dormir debout.

— Je le sais, messieurs, mais c'est un conte vrai s'il n'est pas vraisemblable. Je vous en donne ma parole.

— Mais enfin, croyez-vous à son mariage?

— Dame!

— Et... à sa mort?

— Je vous répondrai dans une heure.

— Pourquoi, dans une heure?

— Parce que je suis arrivé à Paris à dix heures du matin, qu'il est à peine midi, et que, au débotté, je suis venu déjeuner ici.

— Bien !

— Donc, je n'ai pu encore aller nulle part.

— Ah!

— Mais je comte bien aller, aussitôt après mon déjeuner, voir la comtesse de Morangis, sa mère.

En parlant ainsi, M. Gustave Chaumont se retourna et poussa un cri : il venait d'apercevoir le docteur rouge.

— Ah! pardieu! dit-il, voici une des connaissances du comte. Bonjour, docteur...

Le docteur salua froidement.

— Vous avez entendu notre conversation?

— Oui, monsieur.

— Eh bien?

— Et je savais par les journaux ce que vous venez de nous apprendre.

— Ah! cela seulement?

— Rien que cela.

— Eh bien, qu'en pensez-vous?

— Ma foi, messieurs, dit le docteur qui abandonna sa table et vint se placer à celle des quatre jeunes gens, mon avis va vous paraître bizarre peut-être...

— Voyons!

— Je ne crois pas à la mort de M. de Morangis...

— Ni à son mariage, peut-être?

— Ah! pardon...

— Comment croire à une des deux

versions, si vous n'admettez pas l'autre!

Le docteur eut un mystérieux sourire.

— Messieurs, dit-il, je crois avoir assisté à une rencontre entre MM. de Morangis et de Mas.

— Parbleu, oui.

— Ces messieurs se sont battus une première fois, et ils devaient se rebattre.

— En effet.

— Or, bien que leur servant de témoins, vous n'avez point connu le motif de leur querelle.

— Non, dit le baron Rastemberg.

— Je le savais, moi.

— Ah!

— M. de Mas voulait forcer M. de Morangis à épouser Mademoiselle de Pierrefeu, qu'il avait légèrement compromise.

— Je savais cela, dit M. Chaumont.

— Eh bien! reprit le docteur, voici,

j'imagine, ce qui a pu arriver : on aura forcé M. de Morangis à épouser Mademoiselle de Pierrefeu.

— C'est difficile...

— Soit, mais non impossible.

— Bon! j'admets cela. Mais... vous n'admettez pas, je suppose, que Mademoiselle de Pierrefeu ait fait assassiner son mari, après le mariage?

— Oh! certes, non.

— Alors, que supposez-vous?

— Je suppose que M. de Morangis,

pour se débarrasser de sa femme, aura feint un suicide...

M. Chaumont interrompit le docteur rouge.

— Docteur, dit-il, votre version pèche par la base.

— Comment cela?

— On a retrouvé dit-on, le corps de M. de Morangis...

— Hum ! fit le docteur, je voudrais le voir...

L'entrée d'un nouveau personnage arrêta court le docteur.

C'était le vicomte de Rastelli, le même qui, cinq ou six mois auparavant, avait un soir annoncé dans le salon de Madame Charvet de Pierrefeu, le duel de M. de Morangis avec M. de Mas.

M. de Rastelli avait entendu les derniers mots prononcés par le docteur et ses interlocuteurs.

— Messieurs, dit-il en entrant, il n'y a

plus aucun doute à avoir sur la mort du comte de Morangis.

— Vraiment ?

— Son corps a été embaumé au château de Roche-Noire, et il est arrivé ce matin même à Paris, pour être inhumé dans le caveau que sa famille possède au cimetière du Nord.

— Je ne serais pas fâché de voir le corps, dit le docteur.

Et il se leva, fit un signe mystérieux à

M. Chaumont et salua les quatre jeunes gens.

— Vous partez?

— Oui, messieurs,

— Je sors avec vous, dit M. Chaumont.

— Où allez-vous, Gustave, demanda M. de Chardonneret.

— A l'hôtel Morangis.

— Ah! vraiment?

— Je vais voir la comtesse. J'étais

trop l'ami de son fils pour pouvoir m'en dispenser. Adieu, messieurs.

Le docteur rouge et M. Chaumont descendirent, et lorsqu'ils furent sur l'asphalte du boulevart, ils se prirent le bras.

— C'est péché mortel, dit alors M. Chaumont, de parler de choses graves devant les trois étourneaux que nous venons de quitter.

— Je suis de votre avis.

— Et puis je suis fort heureux de vous

rencontrer, monsieur, car je vais pouvoir enfin causer avec un homme de sens.

— Vous êtes trop bon.

— Monsieur, continua M. Chaumont, je n'ai pas tout dit à ces messieurs...

— Oh! je m'en doute...

— Je ne sais encore, malgré tout ce que nous avons lu et entendu, si le comte est mort ou vivant; mais ce que je sais bien, c'est qu'il y a autour de tout cela un mystère étrange que je me suis juré de sonder.

— Et je vous y aiderai, si besoin est, dit le docteur.

M. Chaumont regarda le docteur comme s'il eût voulu lire au fond de sa pensée.

— Vous connaissiez peu le comte? demanda-t-il.

— Je ne le connaissais pas du tout avant son premier duel.

— Alors, vous ne pouviez lui être dévoué.

— Certes, non; mais, dit le docteur, cela ne m'empêchera point de vous aider de tout mon pouvoir.

— Dans quel but?

— Je suis philosophe et curieux des mystères du cœur humain.

— Singulière raison!...

— Vous pouvez l'admettre comme valable et me parler à cœur ouvert.

— Eh bien! reprit M. Chaumont, je

soupçonne fort une Anglaise, miss Sarah, d'en savoir plus long que nous sur toute cette histoire.

— Miss Sarah Dunham?

— Oui, la sœur de lady Salwy.

— Je la connais. Je l'ai rencontrée aux eaux d'Ems.

— Elle était chez M. Victor Séclain en même temps que nous.

— C'est juste, je l'ai ouï dire.

— Et Morangis, apprenant la réputation d'insensibilité qu'elle s'était faite, s'était juré qu'elle finirait par l'aimer.

— Eh bien?

— Le jour même de son arrivée, il lui a fait la cour et il a obtenu un rendez-vous. Je l'ai accompagné dans le parc, à neuf heures du soir, jusqu'à mi-chemin d'un petit chalet où elle l'attendait. Depuis lors, je ne l'ai plus revu. Vous comprenez bien que, le lendemain, j'ai demandé nettement à miss Sarah une explication.

— Et... elle vous l'a donnée?

— Elle m'a répondu : « Je suis liée par un serment. Dans quinze jours je pourrai parler, et alors vous saurez tout. »

— Mais, dit le docteur, les quinze jours sont expirés.

— Il y en a même dix-neuf.

— Eh bien ! alors ?...

— Mais miss Sarah a quitté deux jours après le château de Mailly-sur-Yonne, et elle m'a donné rendez-vous à Paris. Or, je ne suis arrivé qu'aujourd'hui, et je n'ai point encore vu miss Sarah.

— Que comptez-vous faire?

—Aller la voir à l'instant même. Voulez-vous m'accompagner?

— Certainement, dit le docteur.

M. Gustave Chaumont avait sa voiture au bord du trottoir; il fit signe à son cocher d'avancer, ouvrit la portière lui-même et fit monter le docteur rouge en lui disant :

— Miss Sarah habite rue d'Amsterdam avec son beau-père et sa sœur, lord et lady Salwy.

Le coupé de M. Gustave Chaumont franchit en quelques minutes la distance qui sépare le Café Anglais de la rue d'Amsterdam, et s'arrêta devant un joli petit hôtel situé, entre cour et jardin, à la hauteur de la rue de Moscou.

C'était l'habitation de lord Salwy.

Un domestique vint ouvrir, et, à la question que lui fit M. Chaumont, répondit que lord et lady Salwy étaient absents, mais que miss Sarah se trouvait à l'hôtel.

— C'est elle que nous désirons voir, précisément, dit M. Chaumont.

Ce dernier et le docteur rouge furent conduits au fond du jardin, où, comme à Mailly-sur-Yonne, la jeune Anglaise s'était installée dans un petit pavillon isolé.

En ce moment, elle y faisait de la peinture, et, en voyant entrer M. Chaumont, elle jeta un petit cri de surprise.

— Miss, dit le jeune homme en montrant le docteur, laissez-moi vous présenter le docteur Samuel, un ami de feu le comte de Morangis...

— Je connais Monsieur, dit-elle en s'inclinant, je l'ai rencontré aux eaux.

Elle offrit des siéges à ses visiteurs avec une aisance parfaite, puis elle regarda M. Chaumont :

— Je devine le but de votre visite, dit-elle, vous êtes un créancier...

— En effet, miss.

— Et vous espérez que je vais vous

donner des éclaircissements sur le sort mystérieux de votre ami.

— Vous avez bien voulu me les promettre.

— En effet.

— Et j'ai compté sur cette promesse, miss, dit M. Chaumont avec fermeté.

— Aussi vais-je vous dire tout ce que je sais.

M. Chaumont regarda miss Sarah avidement.

— M. de Morangis avait été chargé

par un Irlandais, sir O'Neal, de me remettre une lettre. Grâce à cette mission, il avait obtenu un rendez-vous de moi, dit simplement miss Sarah. Or, il y avait quelques minutes à peine qu'il était auprès de moi, lorsque la porte et les fenêtres du châlet s'ouvrirent et donnèrent passage à trois hommes dont le visage était noirci, et à un quatrième qui paraissait leur chef et n'avait pas pris la peine de dissimuler ses traits.

M. de Morangis fut bâillonné, garroté

et emporté. Depuis lors, je n'en ai plus entendu parler autrement que de la façon que vous savez.

— Et vous avez gardé le silence?

— Le chef des ravisseurs m'a menacée de tuer le comte, si je ne jurais de me taire pendant quinze jours.

— Mais cet homme, comment était-il, demanda M. Chaumont.

— Il m'a dit son nom.

— Ah! vous savez...?

— Et il m'a promis de m'écrire et de m'expliquer sa conduite.

— Et il vous a écrit?

— Oui, monsieur.

— Et savez-vous ce qui s'est passé?

— Oui, certes; mais...

Miss Sarah eut un sourire à damner un saint.

— Mais...? fit avidement M. Chaumont.

— J'ai été déliée de mon premier serment, et j'ai pu vous apprendre ce qui s'était passé dans le chalet, ce que je savais le lendemain de la disparition de M. de Morangis; mais j'ai fait un serment nouveau depuis, et je ne dirai pas un mot de plus.

— Comment! s'écria M. Chaumont, vous ne direz... rien?...

Miss Sarah répondit par un éclat de rire et ajouta :

— Pas un traître mot... C'est un mystère désormais impénétrable !...

CHAPITRE QUATRIEME.

IV

Pour expliquer les paroles moqueuses de miss Sarah, il serait utile de faire un pas en arrière.

La veille du jour où M. Gustave Chaumont se présenta à l'hôtel de la rue d'Amsterdam, la jeune Anglaise avait reçu par la poste le petit billet que voici:

« Miss Sarah est libre de parler. Cependant si elle veut attendre à demain, huit heures du matin, elle recevra la visite de M. de M..., qui lui expliquera beaucoup de choses. »

Depuis la scène étrange à laquelle elle avait assisté dans le pavillon du parc, au château de Mailly-sur-Yonne, miss

Sarah était fort intriguée relativement au sort de M. de Morangis. Pourquoi l'avait-on enlevé ? Pour le marier de force évidemment.

Ceci était le seul point qui fût lumineux pour miss Serah.

Mais depuis on avait annoncé la mort du comte, et là miss Sarah ne comprenait plus.

Elle reçut donc le billet de M. de M... avec une joie fort peu contenue ; et lorsque, le lendemain, à huit heures, elle entendit sonner à la grille de l'hôtel, elle courut s'enfermer dans le pavillon du jardin.

C'était là qu'elle attendait son visiteur. M. de Mas, car c'était bien lui que désignait l'initiale qui terminait le billet, M. de Mas arrivait avec une exactitude militaire, et il salua la jeune Anglaise avec une grâce parfaite.

Il sembla alors à miss Sarah que ce n'était pas l'homme du chalet qu'elle avait devant les yeux, — cet homme au sourcil froncé, à la voix impérieuse et brève, qu'elle avait vu poser un pistolet sur la tempe du comte de Morangis.

M. de Mas était souriant et calme. Il était vêtu d'un élégant négligé du matin et, dans son ensemble, il résumait à merveille le type parisien du monde qui n'a jamais connu de plus forte émotion que celle du lansquenet ou d'un pari de la Marche.

Miss Sarah renvoya le valet qui avait

introduit M. de Mas, et elle indiqua un fauteuil à ce dernier, auprès de la chaise longue sur laquelle elle était demi-couchée.

— Monsieur, lui dit-elle vivement aussitôt qu'ils furent seuls, permettez-moi d'être impatiente et de vons faire une seule question.

— Parlez, miss.

— M. de Morangis est-il mort?

— Non, miss.

L'Anglaise respira.

— Maintenant, dit-elle, vous pouvez vous expliquer : je vous écouterai tout au long.

— Ah! dame! fit M. de Mas, c'est que, avant de m'expliquer, comme vous dites, touchant les événements dont vous avez vu le prologue, il faut que je remonte plus loin encore.

— Allez, nous avons le temps.

— Avez-vous jamais vu la comtesse de Morangis, la mère du comte, miss? demanda M. de Mas.

— Jamais.

— C'est une femme encore jeune, encore belle, qui a été veuve à vingt-huit ans, et qui s'est dévouée à l'éducation de son fils.

— Mais, dit miss Sarah, si j'en crois la rumeur publique, elle a peu réussi.

— En effet, le comte est un homme sans cœur. Il verrait mourir d'un œil sec son meilleur ami.

— Et il a juré que je l'aimerais! ajouta miss Sarah d'un ton moqueur.

— Oh! attendez donc, miss, quand vous saurez la fin de mon histoire, vous verrez que M. de Morangis ne peut plus être aimé par personne.

Ces derniers mots étonnèrent fort miss Sarah.

M. de Mas poursuivit :

— La comtesse de Morangis avait espéré ramener son fils à de meilleurs sentiments, et elle avait songé à Mademoiselle de Pierrefeu. Non-seulement M. de Morangis s'était refusé à l'épouser, mais encore il cherchait à compromettre la baronne de Nesles. Or, vous savez, miss, ce qui advint: M. de Nesles se battit avec M. de Morangis, et celui-ci le tua.

— Ce qui est épouvantable, murmura la jeune Anglaise.

— Il paraît, continua M. de Mas, que la veille de cette funeste rencontre, M. de Nesles était allé trouver M. de Morangis et l'avait sommé sur l'honneur de lui dire la vérité. Le silence du comte avait été la condamnation de Madame de Nesles.

Or, la comtesse de Morangis avait assisté à cette entrevue, et elle s'était évanouie en voyant son fils jouer un rôle aussi odieux.

Le lendemain, lorsqu'elle apprit la mort de M. de Nesles, elle éprouva un si grand désespoir, qu'elle n'a pas voulu le revoir depuis, et elle s'est retirée dans un couvent, au fond de la Bretagne.

Depuis lors, elle n'a plus entendu

parler de son fils, elle ignore son mariage et le bruit qui court de son trépas.

Ceci vous explique, miss, comment il nous a été possible de jouer la comédie que je vais vous raconter.

Alors, en effet, M. de Mas fit à miss Sarah une narration fidèle des événements que nous connaissons déjà.

La jeune Anglaise l'écoutait avec un étonnement et une curiosité sans bornes; et lorsqu'elle eut appris quelle hideuse métamorphose le visage du comte avait subi, elle s'écria :

— Mais sera t-il ainsi toute sa vie?

— C'est probable..., à moins qu'il ne prenne fantaisie à sa femme de le guérir.

— On peut donc le guérir?

— Certainement, dit M. de Mas, et cela en quelques heures.

— Ah!

— Mais une seule personne, en Europe, possédait, il y a un mois encore, le secret de cette guérison comme celui de l'empoisonnement. C'est le médecin allemand qui a rendu Mademoiselle de Pierrefeu à la raison. Cette dernière a maintenant le contre-poison nécessaire.

— Et vous pensez qu'un autre médecin ne pourrait...?

— Je l'en défie!

— Cependant, dit miss Sarah, j'ai rencontré aux eaux d'Ems, l'année dernière, un personnage assez bizarre qui court les villes d'eaux, exerce la médecine par caprice et de loin en loin...

— Comment le nommez-vous? demanda M. de Mas.

— Le docteur rouge, ou plutôt le docteur Samuel.

M. de Mas tressaillit.

— Vous le connaissez? dit miss Sarah.

— C'est un ami de M. de Morangis.

— Ah! fit l'Anglaise, ceci devient grave.

— Pourquoi?

— Mais parce que ce médecin a beaucoup vécu dans l'Inde et qu'il pourrait bien avoir les mêmes secrets que votre docteur allemand; et alors...

M. de Mas fronçait le sourcil.

— Écoutez, miss, dit-il, j'ai promis à M. de Morangis de me battre avec lui. Je le tuerai ou il me tuera, peu importe! Mais, quoiqu'il arrive, il n'en sera pas moins méconnaissable pour le monde entier, et la nouvelle comtesse portera fort paisiblement son deuil. Mais admettez que le docteur rouge, comme vous l'appelez, guérisse M. de Morangis, qu'il lui rende son visage séduisant, quz ce dernier puisse reparaître au grand jour, et qu'il s'adresse aux tribunaux, d'abord pour faire constater qu'il est bien vivant, ensuite pour faire casser son mariage comme ayant été contracté sous l'empire de la violence.

— Quel scandale ! interrompit vivement miss Sarah.

— C'est-à-dire que la nouvelle comtesse de Morangis est perdue sans retour.

— Et pourtant, murmura la jeune Anglaise, le comte est un misérable qui s'est joué de son honneur, comme il s'est joué de Madame de Nesles.

— Eh bien! miss, reprit M. de Mas, c'est parce que je savais bien que vous comprendriez tout cela, que je n'ai point hésité à dire la vérité tout entière, et je confie à votre honneur le repos de Madame de Morangis.

— Merci de votre confiance, monsieur, elle ne sera point trompée. Sur l'honneur, je serai muette.

— Merci, miss.

— Mais, êtes-vous bien sûr que le docteur rouge est l'ami de ce monsieur de Morangis.

— Je le crains.

— Mais vous n'en êtes pas sûr?...

— Le docteur lui a servi de témoin en duel. Cependant, il me semble qu'ils ne se connaissaient pas ou presque pas, du moins, avant cette rencontre.

— Alors, comment expliquer?...

M. de Mas raconta à miss Sarah ce qui s'était passé au café Anglais cinq ou six mois auparavant.

— Ceci me rassure, dit-elle.

Et comme M. de Mas se levait :

— Mais le comte, demanda t-elle où est-il ?

— Je ne sais, madame. Il est venu à Paris avec son passeport au nom de

George Trenck. Mais y est-il demeuré? Je l'ignore.

— Il est probable que vous le reverrez prochainement, car il doit avoir à cœur de se venger.

— Je compte sur sa visite au premier jour. Adieu, miss.

— Dites au revoir, monsieur, car j'espère bien que vous me tiendrez au courant de la suite de cette étrange histoire.

Et miss Sarah tendit sa main gantée

à M. de Mas, qui y déposa un baiser respectueux et sortit en s'inclinant,

. . . .

Or, M. de Mas s'était présenté chez miss Sarah le matin même du jour où M. Gustave Chaumont s'y fit pareillement annoncer en compagnie du docteur.

On comprend l'étonnement qui s'empara de M. Chaumont, lorsque la jeune Anglaise lui eut formellement annoncé qu'elle ne lui ferait aucune confidence.

Quant au docteur rouge, il se contenta de sourire et dit fort tranquillement à M. Chaumont :

— Vous auriez grandement tort d'insister, mon cher ami. Miss Sarah vous déclare qu'elle est liée par un serment, et, nous n'avons plus qu'une chose à faire, c'est de nous retirer.

En parlant ainsi, le docteur rouge se leva et le jeune homme en fit autant.

Miss Sarah les reconduisit jusqu'à la porte avec une politesse cérémonieuse.

Une fois dans la rue et remontés en voiture, M. Chaumont et le docteur se regardèrent.

— Eh bien ! fit le premier.

— Eh bien ! mon cher, dit le docteur, M. de Morangis n'est point mort.

— En êtes-vous sûr?

— Oh ! très-sûr.

— Et qui vous fait admettre cette supposition ?

— La tranquillité de miss Sarah.

— Il est certain qu'elle est bien calme.

— N'est-ce pas?

— Après cela, le comte s'était conduit comme un impertinent avec elle. Les femmes sont cruelles dans leurs ressentiments.

Le docteur prit un air bonhomme.

— Voyons? dit-il, entre nous, que pensez-vous du comte?

— Ah! ne me le demandez point.

— Pourquoi?

— Parce que j'en pense le plus grand mal. C'est, ou c'était un être sans cœur, fat, vantard, égoïste et faisant de sa beauté, de son esprit et de sa bravoure un usage détestable.

— Cependant...

— Cependant j'étais son ami, et s'il ressuscitait, je le serais encore. J'avais pour lui une sympathie qu'il m'était impossible de raisonner.

— Encore un mystère du cœur humain, murmura le docteur. Où allons-nous maintenant?

— A l'hôtel Morangis. Je veux voir le cadavre du comte.

— Soit, allons.

M. Chaumont donna ordre à son cocher de le conduire aux Champs-Élysées.

L'hôtel Morangis paraissait désert à première vue. Toutes les croisées étaient fermées, et on ne voyait point comme autrefois, une voiture toute attelée sous la marquise du vestibule.

M. Chaumont fut reçu par un vieux domestique, une manière d'intendant qui avait toujours eu la confiance de la comtesse et la haute main dans l'hôtel.

Le bonhomme pleurait.

— Où est madame? demanda M. Gustave Chaumont.

— De laquelle parlez-vous, monsieur? Madame comtesse, la mère de notre pauvre maître est au couvent depuis six mois ; et depuis ce temps, je suis resté seul ici. Madame la comtesse, la veuve de monsieur, est là-haut, au premier, sur le jardin, avec sa mère.

— Ah ! fit M. Chaumont, alors, je saurai bien...

Un regard du docteur l'arrêta. Ce dernier se pencha à son oreille et lui dit :

— Chut ! ne dites rien. Voyons le cadavre.

— Ainsi, demanda M. Chaumont ému, on a rapporté le corps de M. de Morangis.

— Oui, monsieur. Il est dans le grand salon du rez-de-chaussée qu'on a converti en chapelle ardente.

— Je veux le voir.

— Ah! dame! monsieur, dit le domestique en pleurant toujours, la bière est fermée.

— On l'ouvrira.

— Elle est scellée au plomb et au soufre, c'est impossible.

Le docteur se pencha encore une fois à l'oreille de M. Gustave Chaumont.

— N'insistez pas, dit-il.

— Pourquoi?

Le docteur l'entraîna au dehors.

— Parce qu'il est complètement inutile que vous cherchiez le comte de Morangis ici.

— Plaît-il?

— Si vous entendiez sa voix dans l'obscurité... la reconnaîtriez-vous?

— Parbleu!

— Eh bien! venez, en ce cas, dit le docteur. Je sais ce que je voulais savoir et je vais vous montrer le vrai comte de Morangis, qui n'a pas envie de mourir.

M. Gustave Chaumont poussa un cri de joie.

— Hum! murmura le docteur à mi-voix, c'est là le seul ami qu'il ait, et je parierais ma fortune qu'il le tuera un matin comme un chien... Je suis prophète!...

M. Chaumont n'entendit point cette sinistre prédiction et suivit le docteur rouge.

CHAPITRE CINQUIÈME.

V

Le docteur rouge et M. Gustave Chaumont montèrent en voiture.

— Rue Blanche, 11, dit le docteur au
cocher.

Les derniers mots que l'étrange personnage avait dits à M. Gustave Chaumont avaient plongé celui-ci dans une véritable stupeur.

Pendant quelques minutes, il regarda le docteur qui s'était assis en face de lui, et se demanda s'il n'avait point perdu l'esprit.

— Ainsi, dit-il enfin, vous êtes certain que le comte n'est pas mort.

— Vous allez l'entendre tout à l'heure.

— Pourquoi l'entendre?

— Parce qu'on ne peut le voir.

— Mais...

— Il est soumis à un traitement... la lumière lui est interdite.

— Je ne comprends rien à tout cela, c'est à en devenir fou..,

Le coupé roulait rapidement.

— Savez-vous, reprit le docteur, que ce serait fort amusant d'aller faire, dans la journée, une heure avant l'enterrement, une petite visite à la nouvelle comtesse de Morangis? elle doit être plongée dans une douleur profonde... pauvre femme!

Et le docteur se mit à rire.

— Je compte les minutes! murmura M. Gustave Chaumont.

— Vous êtes impatient?

— Certes, oui. J'ai hâte d'avoir le mot de cette étrange énigme.

— Vous l'aurez...

Et le docteur, que son sourire méphistophélique n'abandonnait point, continua d'un ton léger :

— Savez-vous bien, mon cher monsieur, qu'il est des gens qui sont nés heureux quand même ?

— Je le sais.

— M. de Morangis en est un exemple frappant.

— Dame ! si en effet il est vivant, comme vous le dites...

— Oh ! ce n'est point là seulement que son bonheur se manifeste.

— C'en est pourtant une preuve assez raisonnable.

— D'accord ; mais écoutez-moi bien.

— Voyons ?

— Le comte n'a pas de cœur, vous en convenez vous-même.

— Hélas !

— Eh bien ! les dévouements se pressent autour de lui.

— C'est vrai !

— Cette malheureuse créature qu'on nomme Nana, cette pauvre baronne de

Nesles, ne l'ont-elles pas aimé jusqu'au fanatisme?

— Hélas! oui.

— A propos, qu'est-elle devenue, Nana?

— Le comte l'a abandonnée.

— Je sais cela.

— Et elle se console avec les millions d'un homme de Bourse appelé Luxor.

— Se console-t-elle réellement?

— Je ne sais; mais elle passe aujourd'hui pour une femme sans cœur : Elle est impitoyable pour ceux qui l'aiment.

— Et la baronne?

— La baronne est à moitié folle. Elle s'est réfugiée, depuis la mort de son mari, chez une vieille tante, en Bretagne, et là, si elle n'appelle point le suicide à son aide, c'est que ses principes religieux le lui défendent.

—Pauvre femme! murmura le docteur. Eh bien! voyez combien est grande la chance du comte! mille autres à sa place eussent succombé dans sa rencontre avec le baron de Nesles.

— Et, certes, dit M. Gustave Chaumont, c'eût été justice.

— Je ne veux point déflorer sa dernière aventure; il vous la racontera lui-même. Vous verrez que son étrange bonheur ne se dément pas un seul instant. Mais nous voici arrivés, acheva le docteur, qui descendit le premier de voiture.

Le coupé de M. Chaumont venait de

s'arrêter devant une maison d'assez belle apparence, située dans le bas de la rue Blanche.

— M. de Morangis, dit le docteur en souriant, est bien près de miss Sarah. Quand il sera présentable, il pourra retourner chez elle.

— Mais il est donc défiguré? demanda M. Chaumont.

— A peu près, répondit le docteur, qui s'engagea sous la porte cochère, traversa la cour et gagna un corps de logis isolé dont les fenêtres donnaient sur un vaste jardin.

M. Chaumont le suivait.

Le docteur sonna à l'appartement du rez-de-chaussée.

Un nègre en gilet rouge vint ouvrir.

— Sir Georges Trenck y est-il? demanda le docteur.

— Oui, *Messié*, répondit le nègre avec la prononciation créole.

— Qu'est-ce que George Trenck? demanda M. Gustave Chaumont.

— Je vous le présenterai tout à l'heure. C'est un Anglo-Indien.

Le nègre ouvrit la porte d'un petit salon comfortablement meublé, et le docteur y pénétra en homme habitué de la maison.

— Asseyez-vous là, dit-il à M. Chaumont, et attendez-moi un instant.

Le docteur sortit. M. Gustave Chaumont demeura seul, livré à des pensées bizarres.

Dix minutes s'écoulèrent, puis le docteur reparut et dit à M. Chaumont :

— Venez, et donnez-moi la main, car je vais vous conduire par un corridor très-obscur.

En effet, le docteur venait de rentrer dans le salon par une porte perdue qui donnait sur un corridor sombre.

M. Gustave Chaumont prit la main du docteur et se laissa entraîner à travers ce corridor jusque dans une chambre également obscure.

— Tout à coup une voix s'éleva dans les ténèbres et dit:

— Bonjour, Chaumont.

— Morangis! s'écria le jeune homme, qui reconnut cette voix.

— Eh! parbleu! oui, c'est moi.- Tu m'as cru mort, hein?

— Hélas! et ta mort me paraissait si étrange...

— Que tu l'attribuais non à un suicide, mais à un assassinat, peut-être...

— Justement.

— Ah! mon pauvre ami! dit le comte qui était assis dans le coin le plus obscur de la pièce, à ce point que M. Gustave Chaumont apercevait à peine une forme noire qui se mouvait de temps à autre. — Ah! mon pauvre ami, depuis le soir où nous nous sommes quittés dans le parc de Mailly-sur-Yonne, il m'est advenu de telles aventures que je vais être obligé de t'engager ma parole d'honneur pour que tu me croies.

— Je ne sais pas ce qui t'est arrivé,

dit M. Chaumont, mais je sais bien que tu n'es pas mort.

Le comte éclata de rire dans l'ombre.

— Cependant, on m'enterrera ce soir. C'est pour quatre heures, dit-on. J'ai un convoi de première classe. Ma femme fait bien les choses...

— Ta femme ! Ainsi tu es bien réellement marié ?

— Mais... sans doute...

— Je disais tout à l'heure au docteur

que je croyais rêver. Ainsi, éveille-moi vite; c'est-à-dire, explique-toi.

— Mon cher comte, dit le docteur, je vous donne une heure pour raconter à M. Chaumont votre histoire dans tous ses détails. J'ai, vous le savez, quelques lettres à écrire. Je passe dans mon cabinet. Lorsque vous aurez fini, vous m'appellerez.

— Faites, docteur.

Le docteur rouge sortit.

— Assieds-toi donc, Gustave, dit M. de Morangis.

— C'est fait.

— Et écoute-moi.

Alors M. de Morangis narra fidèlement, et dans ses plus minutieux détails, l'histoire de son enlèvement, de son mariage forcé et de son empoisonnement.

M. Chaumont l'écouta stupéfait.

— Il faut, pour que je te croie, dit-il enfin, lorsque le comte eut terminé son récit, il faut que j'aie vu à ton hôtel une bière clouée autour de laquelle brûlent des cierges.

— Il paraît, dit joyeusement M. de Morangis, que ma femme a payé ce cadavre un assez bon prix.

— Mais, demanda M. Chaumont, ce poison qu'on t'a fait prendre t'a donc bien défiguré?

— Défiguré n'est pas le mot, mais il m'a rendu méconnaissable, et si le docteur ne m'avait rendu l'usage de ma langue, personne au monde ne devinerait en moi M. de Morangis. Veux-tu en juger?

— Soit.

Le comte se leva, s'approcha de la croisée, dont les rideaux étaient hermétiquement fermés, et fit jouer le cordon de tirage.

Soudain un flot de lumière entra dans la chambre, et M. Gustave Chaumont recula stupéfait.

Il avait devant lui une sorte de mulâtre qui ne ressemblait pas plus au comte de Morangis d'autrefois, que la nuit ne ressemble au jour.

Cette dissemblance était même telle que Chaumont se demanda un moment si le vrai comte de Morangis n'était pas réellement mort et s'il n'avait pas devant lui un imposteur abusant d'une étrange similitude de voix.

Le comte devina cette pensée.

— Tiens, dit-il, si tu ne reconnais pas

mon visage, au moins reconnaîtras-tu ceci...

Il ouvrit sa robe de chambre, écarta sa chemise et montra sa poitrine qui portait la cicatrice profonde d'un coup d'épée.

Le comte avait reçu ce coup d'épée dans son premier duel, et M. Gustave Chaumont lui avait servi de témoin.

— Penses-tu qu'on me reconnaîtra maintenant, dans Paris, demanda M. de Morangis en souriant ?

— Certes, non.

— J'ai rencontré hier Nana.

— Bah !

— Sais-tu ce qu'elle a dit en me voyant? « Tiens! voilà un moricaud que je plumerai volontiers. Il doit être riche... » A quoi j'ai répondu : « je suis un nabab et je demande à être plumé. »

— Comment? elle ne t'a pas reconnu à la voix.

— Ah! dit le comte, c'est que je m'étudie à la déguiser. J'ai trouvé un joli petit jargon créole mélangé d'anglais qui fait très-bien.

Et pour donner un échantillon de son nouveau langage, le comte ajouta :

— *Messié Chaumont li comme il faut, venir voir bon ami à li. Yès véry good.*

M. Chaumont se mit à rire.

— Ah ! ça, dit-il, cela est parfait, mais tu ne seras pas jaune toute ta vie, j'imagine.

— Non, le docteur me guérira.

— Promptement ?

— En vingt-quatre heures.

—Alors, qu'attends-tu ?

—Hé! mais, dit M. de Morangis, cela m'amuse d'être mort.

— Tu es fou...

— Je veux savoir ce qu'on dit de moi; j'écouterai mon oraison funèbre.

— Comment!

— Je vais à mon enterrement... avec le docteur, mon ami.

— Par exemple!

— J'y vais avec mon costume d'anglo-indien : il est superbe. J'ai une veste rouge chamarrée d'or et garnie de diamants. J'ai, avec ce vêtement, un faux air du prince d'Oude.

— Mais à quel titre vas-tu à l'enterrement du comte de Morangis?

— Es-tu niais? Ne suis-je pas son héritier? il m'a laissé par testament trente mille livres de rente.

— C'est juste.

— Et tu comptes aller chez Nana?

— En revenant de mon enterrement.

— Sait-elle que tu es mort?

— Elle l'ignorait hier encore et me croyait en voyage. Je vais lui donner aujourd'hui cette bonne nouvelle.

Le comte frappa deux petits coups à la cloison.

Presque aussitôt le docteur reparut.

—Eh bien! dit-il, regardant M. Chaumont, êtes-vous édifié?

— Complétement.

— Alors je vais apprendre à notre

ami le résultat de notre démarche auprès de miss Sarah.

— Ah! c'est juste, je l'oubliais.

Le docteur raconta en quelques mots ce qui s'était passé chez la jeune Anglaise.

— Bon! dit le comte, M. de Mas l'a rangée de son bord. Ceci est certain.

— Et probablement elle sait tout?

— C'est incontestable.

— Mais elle ne s'attend vraisemblablement pas au dénouement?

— Quel est-il? demanda naïvement M. Chaumont.

— Ma guérison, parbleu !

Le docteur regarda la pendule.

— Hé! hé! dit-il, trois heures... habillez-vous donc, sir George Trenck, il ne faut pas arriver trop tard...

— Il est certain, ricana le comte, que je ne puis me dispenser d'aller à mes funérailles, étant mon propre héritier. Et puis...

Il eut un mauvais sourire.

— Et puis je tiens fort à y rencontrer quelqu'un de ma connaissance.

— Ta femme ?

— Non, son ami.

— M. de Mas ?

— Parbleu !

— Ah ! c'est juste, il t'a promis de se battre avec toi...

— Et je compte bien le tuer demain, cela simplifiera grandement les choses.

— Hum ! murmura M. Chaumont, M. de Mas tire fort bien l'épée.

— Je le sais.

— Et il est merveilleux d'adresse au pistolet.

—Oui, dit à son tour le docteur, mais j'ai *le mauvais œil*, moi...

CHAPITRE SIXIÈME.

VI

— J'ai commandé une superbe voiture de deuil pour vous, comte, dit le docteur, tandis que M. de Morangis s'habillait.

— Ah! très-bien.

— Le docteur montera dans mon coupé, dit M. Chaumont.

— Soit, dit le docteur.

— Et nous pourrons jouir du spectacle intéressant offert par un héritier en pleurs aux funérailles du testateur.

M. de Morangis passa dans une pièce voisine qui lui servait de cabinet de toilette, et M. Chaumont l'y suivit.

Tandis que le nègre qui remplissait

les fonctions de valet de chambre l'habillait, le comte disait à son ami :

— Ah! j'ai oublié de te dire dans quelles circonstances j'avais rencontré Nana. Nous sommes arrivés, avant-hier soir, le docteur et moi, par l'express de dix heures du soir, et nous sommes allés souper. Le docteur penchait pour le café Anglais, moi je préférais la Maison-d'Or. Pour trancher le différend, nous avons choisi le café Riche. Deux de *ces dames* soupaient fort tranquillement à une table du petit salon, au milieu des chopes et des cigares.

— Et l'une d'elles était Nana ?

— Précisément. La pauvre fille est fort pâle ; elle a les yeux cernés, mais ils brillent de l'éclat de la fièvre, et sa bouche est devenue railleuse. Si j'avais pu aimer quelqu'un, j'aurais aimé cette femme-là.

— Et c'est une bonne fille, une excellente fille, mon cher.

— Soit. Donc Nana soupait avec *Mimi* : tu sais?

— Oui, la petite Mimi, que nous appelions la marquise du *Refait*, tant elle savait tirer parti de cette simplification du lansquenet en faisant moitié à la masse.

— Naturellement, ces dames causaient de moi. J'ai entendu mon nom et j'ai fait un petit signe au docteur. Nous nous sommes placés à une table voisine.

« — Tu as beau faire et beau dire, ma
» pauvre Nana, disait Mimi, tu songes
» toutes les nuits, tu ruines ce pauvre
» Luxor qui est le meilleur des hom-
» mes ; tu as laissé Charles et Victor se
» battre pour toi, tu joues au cynisme
» et à l'indifférence, mais tu aimes tou-
» jours ton Morangis. »

Nana eut un rire nerveux.

— Tu te trompes, dit-elle, je n'aime personne... personne au monde... et lui... je le hais !... Non, je me trompe, il m'est devenu indifférent, et je ne m'occupe plus de lui. Il m'avait fait cinq mille livres de rente, j'ai dédaigné d'aller toucher mes trimestres.

— Es-tu niaise!

— Je ne sais pas ce qu'il devient et je ne veux pas m'en occuper.

— Il paraît qu'il voyage en Suisse.

— Non, dit Nana, il est revenu... il est à la chasse.

Mimi se prit à rire:

— Tu vois, dit-elle, comme tu ne t'occupes plus de lui, hein?

Nana se mordit les lèvres, devint toute rouge et, pour se donner une contenance vis-à-vis de Mimi, tourna la tête comme si elle eut cherché quelqu'un dans la salle.

C'est alors que son regard tomba sur moi et qu'elle s'écria :

— Tiens, le joli moricaud ! comme je le plumerais s'il était riche!

Je répondis sans sourciller:

— Moi nabab, li donner argent beaucoup à petites femmes de Paris.

— Vrai? fit-elle dédaigneusement.

— Petite femme de Paris, li donner adresse à moi, moi rendre visite à li et porter banck-notes.

Elle éclata de rire.

— Soit, me dit-elle, venez me voir.

Elle prit son porte-visite et me remit une carte sur vélin, qui portait son simple nom, dégagé de toute particule grotesque, comme ces dames en prennent à profusion :

NANA,

Rue Saint-Lazare, 60.

— Ne venez pas demain, me dit-elle mais après-demain.

Je demandai à quelle heure.

— Je serais chez moi toute la journée, me répondit-elle.

— Je pensais qu'*après-demain* M. Luxor allait à la campagne, acheva le comte en riant.

— Mais, dit M. Gustave Chanmont, je suppose que tu n'y vas point aller.

— Mais si... je veux savoir jusqu'à quel point elle m'aime encore... J'ai imaginé tout à l'heure, tandis que je m'habillais, une petite combinaison qui m'amusera beaucoup. C'est à deux pas d'ici, je monterai chez elle tout à l'heure.

M. de Morangis était habillé, c'est-à-dire qu'il avait revêtu un superbe costume indien à fond noir, enrichi d'or et de pierreries.

Ce costume sortait de la garde-robe du docteur rouge, qui, paraît-il, avait exercé autrefois sa profession aux Indes, en qualité de médecin particulier de l'Iman de Mascate.

— Superbe! murmura M. Gustave Chaumont.

— Comment diable veux-tu, fit le comte en riant, qu'on me reconnaisse avec cette peau jaune et bleue, et sous ce costume? Ma femme elle-même, — Tiens, cela me paraît drôle de dire : Ma femme... — ma femme elle-même, qui sait pourtant de quelle couleur je suis maintenant, ne me reconnaîtrait pas.

Le docteur, qui était allé passer un habit noir, revint :

— La voiture de deuil est à la porte, dit-il. C'est un superbe coupé attelé de deux chevaux noirs. Les pompes funèbres ont donné ce qu'elles avaient de mieux. C'est une voiture de prince.

— Partons, il est trois heures et demie.

— Oh! je veux passer chez Nana, moi.

— Maintenant?

— Oui.

— Mais, mon cher comte, dit le docteur, n'oubliez pas qu'on vous enterre à quatre heures; si vous n'y étiez pas ce serait d'un effet déplorable.

— J'y serai. Je monte chez Nana et ne

m'asseois point. Je me bornerai à lui annoncer ma visite pour ce soir.

M. de Morangis, transformé en Anglo-Indien de la tête aux pieds, monta dans la voiture de deuil et se fit conduire rue Saint-Lazare, 60, tandis que M. Chaumont et le docteur se rendaient, de leur côté, à l'hôtel des Champs-Élysées.

Le nègre de Nana, ce redoutable Tom qui avait si bien garrotté et bâillonné Jean-François, le valet de M. Luxor, le nègre vint ouvrir, et, pas plus que sa maîtresse, il ne reconnut M. de Morangis.

Il paraît même que Nana, s'attendant à cette visite, avait donné des ordres en conséquence, car Tom ne manifesta aucun étonnement, en dépit de l'étrange couleur et de l'excentrique costume du personnage qui se présentait. M. de Morangis lui remit silencieusement une carte sur laquelle on lisait :

SIR GEORGE TRENCK,

sujet anglais de la province de Madras.

Le nègre fit un signe qui voulait dire, à coup sûr :

— Je sais que madame vous attend.

Il ouvrit la porte du salon ; le comte entra et s'assit.

Tom se retira alors discrètement, et tout aussitôt la porte du boudoir s'ouvrit : Nana parut.

La jeune femme était plus pâle encore que l'avant-veille, et son œil fiévreux se fixa sur celui qu'elle avait appelé moricaud, tandis que sa bouche s'arquait avec raillerie.

— Aôh! dit-elle, imitant l'accent du prétendu Anglo-Indien, aôh! *siouperb*!

Puis elle lui montra la porte du boudoir.

— Entrez, milord, dit-elle.

— Moi, nabab, répondit le comte, qui se disait à part lui : « Décidément, *ma femme* et M. de Mas sont des gens assez forts. Puisque Nana ne me reconnaît pas, qui donc m'aurait reconnu, si je n'avais rencontré le docteur rouge ? Le comte de Morangis, ainsi transformé, eût été mort pour l'univers entier. »

Et le comte suivit Nana dans le boudoir.

Un certain désordre régnait dans cette pièce; on y voyait des caisses de femme entr'ouvertes, des cartons, des paquets de toute nature.

— Je vous demande bien pardon de ce pêle-mêle, dit Nana en avançant un fauteuil au prétendu Anglo-Indien, mais je suis dans les déménagements jusqu'au cou.

— Aôh! fit le comte.

— Je quitte cet appartement et je vais habiter un petit hôtel que j'ai fait construire aux Champs-Élysées.

La mine de sir George Trenck s'allongea.

— Tiens! dit Nana, est-ce que cela vous fait de la peine que j'aille habiter un hôtel?

— Yes, dit laconiquement le faux Indien.

— Et pourquoi cela, milord.

— Parce que moâ avoir donné un hôtel à vous, si vous aimer moâ.

Un sourire railleur vint aux lèvres de Nana; mais presque aussitôt il s'effaça pour faire place à une expression de tristesse mélancolique :

— Ah! mon pauvre homme, dit-elle, vous êtes un étranger naïf, et voici que le remords me prend, moi qui n'ai plus de remords. Je ne voudrais pas vous duper, vous.

— Vous, duper moâ?

— Hélas! oui, car je suis parfaitement incapable de vous aimer.

— Aôh! fit encore le faux Indien.

— Je n'aime plus... ou plutôt...

Elle baissa la tête et murmura tout bas :

— Ou plutôt j'aime... et j'aimerai toujours.

Le comte lui prit la main :

— Vous bien triste, vous, dit-il. Vous conter à moi vos peines.

Sa physionomie avait su revêtir une expression de bonté à laquelle Nana se trompa.

— Ah ! dit-elle, vous êtes peut-être la première personne qui m'ait écoutée sans me railler de mon amour.

Le comte poursuivait son rôle de consolateur.

— Parlez, dit-il, je plaignais vous beaucoup.

— Eh bien! milord, dit Nana, j'aime ardemment, comme une folle, comme une bête, un homme qui ne m'aime pas, un homme qui m'a foulée aux pieds d'abord, et a fini par m'abandonner.

— Ah! canaille! murmura sir George Trenck. Et vous nommez lui?...

Nana hésita.

— Je connais lui peut-être... insista le faux Indien.

—C'est le comte de Morangis, acheva la jeune femme.

— Morangis! exclama sir George Trenck, qui feignait la plus grande surprise.

— Oui, dit Nana.

— Mais il est mort, madame; lui enterré aujourd'hui; moi aller à l'enterrement...

Nana jeta un cri, se dressa échevelée, regarda fixement sir George Trenck, voulut parler et ne put proférer un seul mot.

Puis, tout-à-coup, elle s'affaissa sur elle-même et tomba évanouie sur le parquet.

Alors le comte éclata de rire, saisit un gland qui pendait au long de la cheminée, et sonna violemment.

Tom accourut, vit sa maîtresse évanouie et regarda le comte.

— Donne donc des soins à ta maîtresse et fais-lui respirer des sels, dit-il, sans prendre la peine de dissimuler sa véritable voix. Elle s'est évanouie en apprenant la mort de M. de Morangis.

Tom recula stupéfait.

Le comte se reprit à rire et sortit, tandis que Tom appelait la femme de chambre à son aide.

— M. de Morangis, riant toujours, remarqua sa voiture de deuil :

— C'est très-amusant de se survivre, murmura-t-il.

La voiture roula bon train vers les Champs-Elysées.

Lorsque le comte arriva, les abords de son hôtel étaient encombrés de voitures, et il vit la cour intérieure pleine de monde.

Il fit arrêter et mit pied à terre. Son costume, son étrange visage excitèrent la curiosité des valets qui encombraient le péristyle, et cette curiosité gagna les personnes invitées à l'enterrement.

Le char mortuaire était dans la cour, au bas du perron.

M. de Morangis alla droit au grand salon du rez-de-chaussée où le corps était exposé.

— Je vais me jeter un peu d'eau bénite, pensa-t-il.

Il entra, s'approcha de la bière, recouverte d'un drap noir à franges d'argent et autour de laquelle brûlaient des cierges à profusion.

Les anciens amis du comte, les parents éloignés, tous ceux que la nouvelle de ce brusque trépas avaient frappés comme un coup de foudre étaient réunis dans ce salon.

Le comte promena sur eux un regard froid et assuré.

Parmi eux il aperçut le docteur rouge et M. Gustave Chaumont. Puis il entendit une voix derrière lui qui disait :

— Quel est donc cet étrange personnage au visage couleur d'ambre?

— C'est un Anglo-Indien, répondit

une autre voix, un homme à qui le comte de Morangis a laissé trente mille livres de rente.

En ce moment, un nouveau personnage entra dans le salon et fronça légèrement le sourcil en apercevant tout d'abord sir George Trenck qui aspergeait gravement la bière d'eau bénite.

Ce personnage était M. de Mas.

— Oh! oh! murmura le comte.

Et il reposa le goupillon dans l'aiguière et marcha droit à M. de Mas.

CHAPITRE SEPTIÈME.

VII

M. de Mas, voyant le faux nabab venir à lui s'arrêta et attendit de pied ferme.

Le comte lui tendit la main et prit l'atitude d'un homme fort ému.

Trop de regards étaient fixés sur le prétendu sir George Trenck et sur lui, pour que M. de Mas pût refuser la main qui lui était tendue. Il la prit donc et dit tout bas avec une inflexion railleuse :

— Vous le voyez, monsieur, madame la comtesse de Morangis fait les choses en conscience. Vous avez un convoi de première classe et on n'a point ménagé les invitations.

Le comte répondit sur le même ton moqueur.

— Vous trouverez tout naturel, monsieur, qu'étant mon propre héritier, je vienne à mon enterrement.

M. de Mas s'inclina.

Le comte poursuivit :

— Oserai-je vous demander des nouvelles de ma... femme ?

Le mot fut prononcé tout bas, et nul ne l'entendit.

Cependant M. de Mas ne put s'empêcher de tressaillir.

— Chut! monsieur, dit-il, vous oubliez que vous vous nommez sir George Trenck, il me semble...

— Je ne l'oublie pas.

— Et que vous êtes célibataire.

— Provisoirement, du moins.

Un sourire railleur vint aux lèvres de M. de Mas.

— Il est souvent, dit-il, des choses provisoires qui s'éternisent.

Le comte rendit sourire pour sourire; puis, montrant une ambrasure de croisée qui se trouvait assez éloignée du cercueil pour qu'aucune des personnes qui se trouvaient dans le salon eût songé à s'en approcher.

— Nous avons encore dix minutes avant la levée du corps, n'est-ce pas, monsieur?

— A peu près...

— Venez donc causer un moment avec moi.

— Je suis à vos ordres.

M. de Mas suivit le comte dans une embrasure.

Plusieurs personnes avaient les yeux sur eux, mais aucune n'était assez rapprochée pour entendre ce qu'ils se disaient.

— Convenez, monsieur, poursuivit alors le comte, que vous ne vous attendiez guère à me trouver ici.

— Ici, non, mais je m'attendais à vous revoir.

— Ah!

— Ne devais-je pas me mettre à votre disposition au bout de quinze jours?

— C'est juste.

— Et je pensais bien que vous viendriez frapper à ma porte au premier jour.

— Vous ne vous êtes point trompé : me voilà.

M. de Mas, toujours railleur, ajouta, en regardant son interlocuteur très-fixement :

— Je n'ai jamais manqué à ma parole, monsieur. Ainsi, je me mets à votre disposition.

— Vous êtes un galant homme.

— Cependant, vous jugerez bon que nous assistions au convoi de ce pauvre comte de Morangis... qui laisse une veuve inconsolable.

— Certes, oui.

— Ainsi, demain matin...

— Demain soit, dit le comte.

— Quelles sont vos armes?

— M'en laissez-vous le choix?

— Sans inconvénient.

— Hé! mais j'aimerais assez le pisto-

— Plaît-il? fit M. de Mas en tressaillant.

— Dame! répondit le comte, vous avez salué tout à l'heure un homme dont la présence ici vous a peut-être chagriné.

— Qui donc?

— Le docteur Samuel.

— Pourquoi?

— Mais parce que le docteur sait tout.

— Quoi, tout?

— Il sait que je suis... le comte de Morangis. »

— Il a une rare sagacité, en ce cas.

— Vous trouvez ?

— Et je suis persuadé qu'il est le seul à Paris qui...

— Pardon, mon ami, M. Gustave Chaumont..

— Ah ! celui-là vous a également reconnu ?

Le comte, un moment sérieux, retrouva son sourire moqueur.

— Il est bien étonnant, monsieur, dit-il, que vous n'ayez remarqué chez moi aucune métamorphose.

— Ah! pardon; vous êtes jaune et bleu, ce me semble.

— Oui, mais je devais bégayer...

M. de Mas fronça le sourcil.

— C'est vrai, dit-il. On vous aura mal administré...

— On m'a fort bien administré votre poison, interrompit M. de Morangis, et la preuve en est que j'ai changé de couleur; mais le docteur me fait subir un petit traitement.

— M. de Mas pâlit.

— Un traitement qui me rendra ma couleur première, comme il m'a déjà rendu ma voix ordinaire.

— Je vous félicite sincèrement, ricana M. de Mas.

— C'est la comtesse de Morangis que je vous engage à féliciter, monsieur..., car elle retrouvera prochainement son mari.

— Vous croyez?

— Et son mari ne négligera rien, soyez-en sûr, pour faire rectifier son acte de l'état civil.

— Ce sera difficile.

— Mais non impossible. Et puis, il y aura procès... un joli procès, convenez-en... On en parlera dans le monde entier... et il y a de quoi : un homme marié de force, supprimé de force, qu'on veut faire disparaître et qui reparaît...

— Qui ne reparaîtra pas, dit froidement M. de Mas.

— Bah! fit le comte.

— Parce que je le tuerai demain.

— Tiens, dit sir George Trenck, j'ai justement la même intention.

— Monsieur, interrompit brusquement M. de Mas, croyez-vous à Dieu?

— Singulière question!

— C'est que Dieu est juste, et que, comme il y va de l'honneur et du repos de deux femmes vertueuses. .

—Ah! monsieur, dit le comte, si vous m'entamez un sermon, je vous fausse compagnie... Songez, cependant, que nous devons porter le drap mortuaire. Vous êtes un ami de la maison, je suis un héritier du défunt.,.

— C'est juste.

— Et tenez, voici qu'on vient enlever le cercueil. Allons!...

— Je vous suis, dit M. de Mas.

. . . .

CHAPITRE HUITIÈME.

VIII

La bière qui renfermait le prétendu comte de Morangis fut portée dans le char mortuaire, et le cortége se mit en route.

Le vrai comte, sous l'enveloppe de sir George Trenck, menait le deuil en qualité d'héritier.

M. de Mas cheminait à sa gauche, et M. Gustave Chaumont à sa droite.

Le docteur rouge venait après eux.

Le cortége descendit les Champs-Élysées, suivit toute la ligne des boulevarts, au milieu d'une double haie de curieux.

Ainsi que M. de Mas l'avait dit au

comte quelques jours auparavant, il avait un enterrement superbe.

Arrivé au cimetière, le cercueil fut descendu dans le caveau de famille des Morangis. Aucun discours ne fut prononcé sur la tombe, et la foule se dispersa silencieusement.

Mais le docteur rouge, M. Chaumont et sir George Trenck ne se séparèrent point; et comme M. de Mas allait s'éloigner à son tour, M. Chaumont le rappela.

Le jeune homme s'approcha et regarda le prétendu nabab indien.

— Est-ce que sir George Trenck a affaire à moi? demanda-t-il d'un ton dédaigneux.

— Oui, monsieur.

— Ah!

Le comte prit le docteur par la main, et lui dit en regardant M. de Mas :

— Est-ce que vous pourriez me guérir en vingt-quatre heures?

— Oui, certes.

—Vous le voyez, monsieur, dit le comte, je serai bientôt redevenu M. de Morangis.

M. de Mas haussa les épaules.

— Je ne le verrai pas, dit-il.

— Tiens! est-ce que vous avez peur de mourir demain?

— Je ne sais pas si je vous tuerai ou si vous me tuerez; mais dans le premier cas, vous serez guéri de tous maux, et dans le second, c'est moi qui n'aurai pas le temps d'attendre votre guérison.

Est-ce tout ce que vous aviez à me dire?

— Pardon, je voulais vous demander un petit service.

— Ah!

— Vous prier de me présenter à la comtesse de Morangis, ce soir. Il est trop juste que sir George Trenck la remercie des trente mille livres de rente...

— Assez, monsieur, dit sèchement M. de Mas. Madame de Morangis vous recevra sans qu'il soit besoin que je vous présente.

— Alors, dit le comte en riant, je vais l'aller voir de ce pas, et je lui annoncerai la résurrection de son mari.

— Et moi, dit M. de Mas, qui fit un pas de retraite, je vais prendre congé de vous.

— A demain! fit le comte d'un ton railleur.

— Quelle est votre heure ?

— La vôtre.

M. de Morangis se tourna vers son ami, M. Chaumont :

— Tu sais, lui dit-il, que tu serviras de témoin à Monsieur.

— Soit, répondit M. Chaumont.

— Et vous, docteur, vous serez le mien.

Le docteur s'inclina.

— Alors, monsieur, ajouta le comte,

si vous le voulez bien, nous nous battrons à huit heures.

— A merveille, monsieur.

Et M. de Mas salua et s'éloigna.

A la porte du cimetière, il prit un fiacre et dit au cocher :

— Conduisez-moi rue d'Amsterdam.

M. de Mas allait chez miss Sarah.

Le jeune homme s'était montré calme, railleur, sceptique même.

Il avait rendu à M. de Morangis sourire hautain pour sourire hautain ; mais lorsqu'il fut seul, lorsque la voiture roula sur le pavé du boulevard extérieur, son visage se rembrunit tout à coup.

— Pauvre Blanche! murmura-t-il, à quel monstre a-t-elle donc eu affaire!

Le fiacre s'arrêta rue d'Amsterdam, à la porte du petit hôtel habité par lord Galwy et sa famille.

M. de Mas se fit annoncer à miss Sarah.

Miss Sarah peignait fort tranquillement au fond de son petit pavillon du jardin.

— Ah! vous voilà? dit-elle en voyant entrer le jeune homme.

— Oui, miss.

— Et vous venez...?

— Je viens de l'enterrement.

— Et.. vous... avez vu...?

— J'ai vu le comte.

— Ah! il est à Paris?

— Oui, miss.

— Et il est venu...?

— Il s'est présenté sous un costume oriental ; il est Indien des pieds à la tête. Il a conduit le deuil, en qualité d'héritier.

Miss Sarah se prit à rire.

— Ah! dit-elle, ceci est trop fort.

Mais comme M. de Mas ne riait point :

— Vous êtes bien soucieux, dit elle.

— Je le suis, en effet.

— Pourquoi ?

— Parce que le docteur rouge est à Paris.

— Oh ! oh !

— Et que le comte et lui sont les meilleurs amis du monde.

A son tour, miss Sarah fronça le sourcil.

— Le docteur peut-il le guérir ?

— Il le prétend, du moins ; et le comte se fait fort de retrouver sa blancheur et son visage dans vingt-quatre heures, d'aller trouver sa femme et de faire un scandale. Comprenez-vous, miss?

— Je comprends, dit la jeune Anglaise, que vous n'aviez point compté sur le docteur rouge.

— Miss, dit M. de Mas ému, je me bats avec lui, demain, et j'espère le tuer.

— Ceci, dit l'Anglaise avec flegme, simplifierait beaucoup la question.

— Mais, poursuivit M. de Mas, il

peut se faire qu'il me tue... et alors...

— Alors, la jeune comtesse de Morangis est perdue, n'est-ce pas?

— Oui, murmura M. de Mas.

— Vous vous trompez, monsieur, répondit miss Sarah d'un voix lente et grave, car je la sauverai !...

— Vous.

— Moi, dit froidement l'Anglaise. Si vous succombez dans la lutte, je deviendrai le protecteur de Blanche de Pierrefeu.

Miss Sarah, en parlant ainsi, était plus belle que jamais!...

CHAPITRE NEUVIÈME.

IX

Tandis que M. de Mas s'en allait voir miss Sarah, sir Georges Trenck, c'est-à-dire M. de Morangis, revenait chez lui avec M. Gustave Chaumont et le docteur rouge.

— Mon cher comte, lui dit ce dernier, lorsqu'ils furent installés dans un petit salon d'été qui donnait sur le jardin, et dont les fenêtres étaient entr'ouvertes, tant la température était douce encore, malgré la saison avancée, mon cher comte, il serait temps, ce me semble, de songer un peu sérieusement à vos affaires.

— Mais j'y songe, docteur.

— Que comptez-vous faire?

— Tuer M. de Mas, d'abord.

— Bon! après?

— Après, vous me guérirez.

— C'est convenu.

— Et je verrai à reparaître dans le monde.

— C'est parfait. Seulement, comment vous arrangez-vous avec votre femme ?

— Je compte avoir un joli procès bien scandaleux, grâce auquel il sera prouvé clair comme le jour... que ma femme n'est pas ma femme, attendu qu'on a violenté ma volonté.

— C'est très bien, mais...

Le docteur s'arrêta.

— Voyons? fit le comte.

Le docteur se tourna vers M. Gustave Chaumont, qui le regardait curieusement.

— Tenez, dit-il, si j'étais à la place du comte, je voudrais vivre deux ou trois mois sous le nom de George Trenck, avec ma peau jaune.

— Pourquoi?

— Mais pour voir si je serais pleuré longtemps.

— Jusqu'à présent, dit le comte, je ne vois que Nana qui me pleure.

- Et il raconta ce qui s'était passé chez elle quelques heures auparavant.

M. Gustave Chaumont écouta jusqu'au bout, sans interrompre le comte; mais quand il eut fini, il lui dit froidement:

— Mon cher Morangis, ce que vous avez fait là est infâme!

— Plaît-il? fit le comte.

— On vous a fait passer pour mort, on vous a violenté, dépouillé, et mon amitié pour vous s'est réveillée soudain; mais j'avoue que lorsque je vous vois agir ainsi avec une pauvre fille que vous avez perdue, qui vous aime et n'a jamais aimé que vous, vous m'inspirez un dégoût profond.

M. Chaumont prononça ces mots d'un ton sec.

Le comte pâlit sous son enveloppe jaune.

— Gustave, dit-il, vous êtes un sot sentimental.

— Et vous un homme dépravé et sans cœur.

Le docteur rouge, au lieu d'intervenir, riait silencieusement dans le coin le plus obscur du salon.

— Comte, poursuivit froidement M. Gustave Chaumont en se levant, je vais chez Nana.

— Allons donc!

— Et je lui dirai, si je la trouve dans les larmes : « Ne pleure pas, ma pauvre fille, l'homme que tu aimes n'est pas mort, mais il est indigne de ton amour... »

Ces derniers mots exaspérèrent M. de Morangis.

— Tu as tort, Gustave, dit-il.

— Tort?

— Oui, certes.

— Pourquoi donc?

— Parce que si tu fais une pareille chose, tu ne seras plus mon ami.

— Je ne le suis plus.

— Ah! ah!

— Non, car votre insensibilité me révolte.

— Et tu te battras avec moi.

— M. Chaumont haussa les épaules.

— C'est beaucoup, dit-il, deux duels en un jour. Vous oubliez que, jusqu'à demain soir, vous appartenez à M. de Mas.

— Eh bien ! ce sera pour après-demain, en ce cas, dit le comte avec calme.

Ces derniers mots produisirent sur M. Chaumont un effet étrange. Il se tourna vers le docteur toujours silencieux, toujours souriant :

— Monsieur, lui dit-il, ce matin même je vous disais que j'aimais M. de Morangis malgré ses vices, malgré son insensibilité, malgré tout. Et bien ! voici qu'un changement subit s'opère en moi, voici que le voile qui pesait sur mes yeux se déchire, que la raison chez moi triomphe des faiblessses du cœur et que je vous déclare nettement que j'ai cessé d'être l'ami de monsieur.

Le comte était blême de colère, mais il ne souffla mot.

— Ah! dit le docteur en ricanant, vous y renoncez?

— Oui, monsieur. Il y a plus, je prie M. de Morangis de ne point compter sur mon témoignage pour constater son identité. Et tenez, docteur, laissez-moi vous dire que rendre à cet homme son visage premier, c'est faire le malheur de bien des gens. Cet homme méritait un châtiment, il a été puni ; ne corrigeons point les volontés de la Providence.

Tandis que M. Gustave Chanmont parlait ainsi, le comte s'était déganté lentement.

— Gustave, dit-il, as-tu bien réfléchi

à tout ce que tu viens de dire depuis cinq minutes?

— Oui.

— Ainsi, tu iras chez Nana?

— J'y vais.

— Et tu n'es plus mon ami?

— Non.

— Alors à après-demain.

Et le comte voulut jeter son gant au visage de son ancien ami.

Mais celui-ci lui prit le bras.

— C'est inutile, dit-il, à demain, je suis le témoin de M. de Mas.

Et le jeune homme indigné salua le docteur et sortit.

Le docteur le suivit du regard ; puis, quand la porte se fut refermée, il partit d'un éclat de rire homérique.

— Allons ! décidément, dit-il, je suis sorcier !...

Et comme le comte, encore ému de la scène violente qui venait d'avoir lieu, semblait lui demander l'explication de ces paroles et de cet éclat de rire :

— Mon cher ami, dit le docteur, retenez bien ceci : On n'est ingrat et cruel que pour les siens.

— Plaît-il? fit le comte.

— En votre vie vous avez eu un ami : c'était M. Gustave Chaumont?

— Vous croyez?

— M. Gustave Chaumont mourra de votre main.

— C'est fort possible, dit froidement le comte.

— Ah! vous en convenez?

— Il m'a insulté... Je le tuerai.

Le docteur, renversé sur sa chaise, riait à se tordre.

— Je suis sorcier, répétait-il.

— Mais... pourquoi donc? fit le comte impatienté.

— J'ai prédit que vous tueriez M. Chaumont.

— Et... vous... pensez?...

— C'est un homme mort.

Le docteur rouge prononça ces derniers mots avec l'accent de la conviction.

M. de Morangis était redevenu fort calme et jouait négligemment avec la chaîne de sa montre.

—Dites donc, docteur, fit-il tout à coup, on doit donc aimer ses amis?

—On les aime quand on est bâti dans les conditions ordinaires.

— Ah! et moi je ne suis donc pas comme tout le monde?

— Non.

— Vraiment?

— Dame! fit le docteur, vous devez vous en apercevoir : vous n'avez pas de cœur du tout.

— A qui la faute?

— A votre mère d'abord.

— Ah!

— Ensuite... à moi.

— Assez, docteur! Vous me rappelez

là un souvenir désagréable. Cependant...

— Bon! dit le docteur, voyons la restriction, s'il vous plaît.

— Cependant je suis curieux.

— Ah!

— Je voudrais savoir quel est votre but.

Le docteur garda le silence.

— Vous êtes mon père, dites-vous?

— Je le crois.

— Ma mère n'avait pas de cœur?

— Pas l'ombre.

— Et vous n'en avez pas non plus, ce qui explique mon insensibilité parfaite, n'est-ce pas ?

— Justement.

— Alors pourquoi me suivez-vous? pourquoi me protégez-vous? pourquoi voulez-vous me guérir?

Un sourire silencieux fut la réponse du docteur rouge.

— C'est donc que vous m'aimez ?

Le docteur répliqua d'abord par un bruyant éclat de rire :

— Vous êtes fat, dit-il.

— Ah! vous trouvez?

— Dame!

Et redevenant grave tout à coup :

— Je suis médecin, poursuivit le docteur rouge : je n'aime personne au monde, il est vrai, mais j'ai l'amour de la science et je fais de la métaphysique pour mes plaisirs particuliers.

— Ah! ah!

— Vous êtes un type, — un type que j'avais rêvé longtemps et que j'ai trouvé l'occasion de créer, — je vous étudie...

— Ainsi, vous agissez sans aucune affection ?

— Aucune. Et tenez, si j'étais capable d'aimer quelqu'un, ce ne serait pas vous, comte.

— Merci !

— Dame ! c'est mon opinion.

— Qui donc aimeriez-vous alors?

— Vos victimes.

Le docteur s'était repris à ricaner. M. de Morangis, stupéfait, le regardait et l'écoutait.

Un violent coup de sonnette surprit le docteur au milieu de ses subtiles théories.

— Oh! oh! dit-il.

— C'est Chaumont qui revient, dit le comte.

M. de Morangis se trompait.

Le nègre que le docteur lui avait donné pour valet de chambre entra, un plateau à la main.

Sur ce plateau était une lettre.

Une lettre oblongue, enfermée dans une enveloppe anglaise satinée, avec un cachet de cire bleue dont l'empreinte représentait la colombe de l'arche de Noé. Une banderolle enroulée autour du rameau d'olivier portait ces mots en exergue :

Soyez discret.

Le comte prit cette lettre, dont l'adresse était une écriture menue, allongée, charmante; il en brisa le cachet et lut :

« Cher comte,

» Vous me devez la vie, convenez-en. On a beau vous enterrer, à l'heure où je vous écris, je sais que vous êtes du nombre des vivants... »

Ces signes intriguèrent le comte; il courut à la signature et lut le nom de

« *miss Sarah.* »

— Tiens! tiens! fit-il, je l'avais un peu oubliée, ma foi!...

La lettre de miss Sarah continuait ainsi :

« J'ai une petite police à moi, et je vous ai suivi presque pas à pas, depuis le moment où vous avez été enlevé par ce butor de M. de Mas, qui se pose en redresseur de torts.

» Je sais tout ce qui vous est advenu; je sais, mon cher paladin, que vous vous étiez mis en tête de vous faire aimer de moi ; je sais que vous êtes maintenant d'une étrange couleur et que l'heure des séductions est passée pour vous... »

Le comte s'interrompit une fois encore :

— Pauvre miss Sarah, dit-il, elle a compté sans vous, docteur.

— Continuez, dit ce dernier.

M. de Morangis poursuivit la lecture de sa lettre :

« Eh bien ! le croiriez-vous, mon cher

comte, j'avais horreur de ce comte de Morangis que tant de femmes ont aimé, dont la voix était fascinatrice, dont les séductions étaient sans nombre...

» Cet homme-là, je l'exécrais, je le haïssais mortellement. Si j'ai consenti à lui sauver la vie par un serment, c'est que je voulais l'humilier plus encore... »

— Hum! murmura le comte, elle est aimable!...

Et il reprit :

« Mais le pauvre sir George Trenck,

l'homme jaune, le déshérité, le malheureux qu'une femme vindicative a dépouillé de sa fortune et de son nom m'inspire une vive sympathie. *Je veux vous revoir*, entendez-vous ? Ce soir, à dix heures, une voiture attelée d'un cheval blanc stationnera auprès de la Madeleine... A bon entendeur, salut!

» MISS SARAH. »

Le comte regarda le docteur.

— Eh bien? dit-il.

— Eh bien ! il faut aller à ce rendez-vous, mon cher.

— J'y compte,

— Miss Sarah est bien Anglaise : elle a le tempérament excentrique.

—Et elle m'aime ! dit le comte avec l'accent du triomphe.

—Qui sait? murmura tout bas le docteur. Il faudra voir.

CHAPITRE DIXIÈME.

X

M. de Mas, en quittant miss Sarah, rentra chez lui.

Le jeune homme habitait un petit entresol dans la rue Saint-Dominique, où il vivait avec un seul domestique.

— Je me bats demain matin, s'était-il dit, et il faut que je mette ordre à mes affaires.

M. de Mas n'avait d'autres parents qu'un tout jeune homme, fils d'une sœur aînée qu'il avait perdue, et qui était élève de première année à l'École polytechnique.

Il fit son testament en quelques lignes; puis il écrivit au jeune homme une longue lettre pleine de sages conseils.

Cette lettre ne devait parvenir à sa destination que dans le cas où M. de Mas serait tué.

Deux heures suffirent à ce dernier pour tout mettre en ordre dans sa fortune. M. de Mas n'était pas très riche, et son avoir consistait en propriétés foncières libres de toute hypothèque.

Quand il eut fini, il envoya chercher une voiture et se fit conduire aux Champs-Élysées, à l'hôtel de Morangis.

Il était alors neuf heures du soir environ.

La nouvelle comtesse de Morangis était seule dans le grand salon de l'hôtel.

Blanche de Pierrefeu était vêtue de noir et son pâle visage, ses yeux battus disaient éloquemment ce qu'avaient dû lui coûter de résolution et de courage la terrible comédie qu'elle avait jouée.

En voyant entrer M. de Mas, elle lui tendit silencieusement la main.

M. de Mas la prit, la porta respectueusement à ses lèvres et s'assit dans un fauteuil que la jeune femme lui indiqua du doigt.

Tous deux se regardèrent pendant quelques minutes, puis Blanche dit au jeune homme :

— Ah! mon ami, si vous saviez ce que cette terrible comédie de la mort que nous avons jouée tous les deux jette de trouble et d'épouvante au fond de mon cœur... Et pourtant, il le fallait. M. de Morangis m'avait presque déshonorée, il fallait qu'il me donnât son nom.

— Et j'ai si bien pensé comme vous, madame, dit tristement M. de Mas. que je vous ai servie fidèlement jusqu'au bout.

— Oui, répéta Blanche rêveuse, il le fallait ! il fallait que cet homme qui s'était vanté de mon amour le justifiât;

mais, la réparation obtenue, il fallait aussi qu'une barière infranchissable s'élevât entre un pareil misérable et moi.

M. de Mas se taisait.

Blanche reprit :

— Le comte de Morangis est mort, — mort pour le monde entier. Sir George Trenck seul lui survit. Le comte a laissé deux cent mille livres de rente. Vous savez quel usage je compte faire du surplus des trente mille francs alloués à sir

George Trenck? Je le distribuerai aux pauvres, aux hospices et à ces pauvres filles égarées et repenties qui ont été la victime d'hommes tels que le feu comte de Morangis.

— Madame, dit alors M. de Mas avec gravité et tristesse; vous savez que sir George Trenck a assisté au convoi.

— Oui, répondit Blanche. Cet homme a une audace infernale.

— Il était vêtu en nabab, et son riche costume a piqué la curiosité générale.

— Et, dit Blanche, nul n'a reconnu en lui le feu comte de Morangis?

— Hélas! madame, vous vous trompez...

Blanche tressaillit:

— Que dites-vous? fit-elle.

— Vous ai-je parlé du docteur rouge?

— Oui, je crois.

— Eh bien le docteur rouge et le comte étaient liés par quelque pacte nébuleux, et le docteur l'a reconnu.

— Mais, c'est impossible!...

— Il l'a reconnu et l'a guéri.

Cette fois Blanche regarda M. de Mas d'un air incrédule.

— Vous êtes fou, dit-elle.

— Non, madame; le docteur l'a guéri de sa paralysie de la langue.

— Et il parle nettement?

— Il a retrouvé sa voix ordinaire et, à sa voix, M. Gustave Chaumont, son inséparable ami, l'a reconnu.

— Mais enfin...?

— Le docteur rouge, poursuivit M.

de Mas, a longtemps habité les Indes, paraît-il, et il en a rapporté...

— Les secrets du médecin allemand?

— Oui, madame.

— Ainsi, il a commencé à guérir le comte?

— C'est-à-dire que M. de Morangis peut redevenir blanc en vingt-quatre heures.

Blanche de Pierrefeu fronçait le sourcil :

— Eh bien! dit-elle enfin, qu'il guérisse! qu'il redevienne lui-même et m'accuse!...

— Hélas! madame, murmura M. de Mas, si pareille chose arrivait, vous seriez... perdue...

— Non, dit Blanche avec un calme superbe.

— Le comte fera un éclat: il aime le scandale. Il lui faudra un procès; il plaidera en nullité de mariage, et alors...

— Alors, interrompit Blanche de Pierrefeu avec dignité, je viendrai raconter à la barre du tribunal où il me traduira, quelle a été ma conduite et comment j'ai voulu réparer mon honneur.

— Espérons que vous n'en viendrez pas là, madame.

— Ah! vous pensez que le docteur..?

— Je pense que le docteur rouge n'aura pas le temps de le guérir.

— Pourquoi?

— Mais parce que je le tuerai demain matin.

Blanche tressaillit :

— Mon Dieu! dit-elle, vous vous battez ?

— Oui, madame.

— C'est juste, vous lui aviez promis de vous mettre à sa disposition.

— Et il m'a rappelé ma promesse aujourd'hui même.

La jeune comtesse de Morangis, si calme jusque-là, était prise d'une violente émotion.

Elle regarda longtemps ce jeune homme si noble, si dévoué, si simple en son dévouement, qui s'était fait son champion et elle allait encore jouer sa vie pour elle; elle songea que ce jeune homme l'aimait ardemment, et que pourtant il avait contribué de tout son pouvoir à élargir l'abîme qui le séparait d'elle.

— Oh! non, dit-elle tout à coup et d'une voix altérée, Dieu est juste, et le sort de cette rencontre de demain n'est pas douteux... Vous tuerez cet homme...

— Qui sait? fit M. de Mas d'un air de doute.

— Vous le tuerez, j'en ai la conviction, murmura Blanche de Pierrefeu de plus en plus émue.

— C'est possible, c'est probable même, répondit M. de Mas. Mais enfin, madame, le contraire peut arriver.

— Oh! taisez-vous!...

— Laissez moi parler, au contraire ; si je venais à succomber...

— Mais c'est impossible ! Dieu est bon, Dieu est juste...

— Soit ; mais admettons-le cependant...

Blanche courba la tête et une larme brilla dans ses grands yeux.

M. de Mas continua :

— Je vous ai trouvé un protecteur qui me remplacera, qui veillera sur vous...

Madame de Morangis regardait M. de Mas avec un douloureux étonnement.

— Ce protecteur, poursuivit-il, est une femme, une jeune fille qui a le cœur et l'énergie d'un homme, miss Sarah.

— Elle! fit Blanche, à qui le jeune homme avait déjà parlé souvent de l'Anglaise.

— Oui, madame. Miss Sarah m'a juré qu'elle saurait vous défendre contre le comte. Comment, c'est son secret ; mais il y avait tant d'assurance dans sa voix, tant de calme dans son regard, que je n'ai pas douté un seul instant. Et, acheva M. de Mas, c'est pour vous dire cela, madame, que je suis venu...

Il se leva.

—Vous partez? exclama la jeune comtesse avec une sorte d'effroi.

M. de Mas se prit à sourire.

— Il est dix heures, dit-il, je me bats à sept demain matin, et j'ai encore diverses choses à faire... ce soir... Adieu, madame!...

Blanche, pâle et frissonnante, lui tendit une dernière fois la main.

— Je vais passer la nuit à prier, dit-elle, et Dieu m'exaucera, et vous me reviendrez demain sain et sauf.

— Je l'espère, dit-il simplement.

— Ah! fit-elle, vous êtes le plus noble des hommes!...

— Je ne sais pas, dit-il; mais ce que

je sais bien, c'est que je mourrais pour vous avec joie....

Il imprima un dernier baiser sur la main de la jeune femme.

— Adieu, murmura-t-il, adieu!

— Dites : au revoir! répondit-elle.

Il n'eut point la force de répondre, sortit précipitamment du salon, regagna sa voiture et se fit conduire sur le boulevart.

M. de Mas entra chez Devismes et y

prit une paire d'épées de combat et des pistolets de tir.

Cette acquisition faite, il eut un fier sourire.

— Maintenant, se dit-il, n'oublions pas que je suis gentilhomme et qu'il faut dormir profondément la veille d'une bataille. Cocher, rue Saint-Dominique!

Vingt minutes après, M. de Mas rentrait chez lui.

Comme il pénétrait dans son appartement, son valet de chambre lui présenta une carte de visite.

M. de Mas la prit et lut ce nom :

Gustave Chaumont.

— Ce monsieur est venu? dit-il.

— Il attend Monsieur.

— Ici?

— Je l'ai fait entrer dans le fumoir.

— Qu'est-ce encore? fit M. de Mas en fronçant le sourcil.

Pour lui, M. Gustave Chaumont était

l'ami de M. de Morangis bien plus que son témoin à lui M. de Mas.

Le jeune homme se dirigea vers la petite pièce de son appartement que le valet de chambre qualifiait de *fumoir*, et il trouva M. Gustave Chaumont assis au coin du feu.

Ce dernier, au bruit des pas de M. de Mas, se retourna et se leva.

M. de Mas le salua avec une courtoisie glacée.

M. Chaumont lui rendit son salut et lui dit :

— Pardonnez-moi, monsieur, de venir vous voir ce soir, et à pareille heure, alors que nous devions simplement nous retrouver au bois demain matin ; mais je suis votre témoin...

— C'est vrai, monsieur.

— Et je ne suis plus, depuis quelques heures, l'ami de M. de Morangis.

M. de Mas eut un geste et laissa échapper une exclamation de surprise.

—Monsieur. répéta M. Gustave Chaumont, j'ai l'honneur de vous redire que je ne suis plus l'ami de M. de Morangis, et que c'est en vain que sir George Trenck invoquerait mon témoignage contre la veuve du comte.

M. de Mas, stupéfait, regardait son visiteur.

— Sir George Trenck et moi, poursuivit M. Chaumont, nous sommes à cette heure de mortels ennemis, et je viens vous supplier, monsieur, de me céder votre tour.

— Que voulez-vous dire ?

— Vous vous battez avec lui demain, n'est-ce pas ?

— Sans doute.

— Et moi après-demain, en admettant que sir George Trenck sorte victorieux de cette première rencontre.

— C'est possible !

— Eh bien ! je viens vous prier de

consentir à une légère modification à ce programme.

— Comment l'entendez-vous ?

— Ce serait moi qui me battrais demain.

M. de Mas se prit à sourire et hocha la tête.

—Voilà qui est impossible, monsieur dit-il ; n'insistez point.

FIN DU CINQUIÈME VOLUME.

NOUVEAUTÉS EN LECTURE
DANS TOUS LES CABINETS LITTÉRAIRES.

Les Mystères de la Conscience, par Étienne Enault. 4 vol. in-8.
Les Gandins, par le vicomte Ponson du Terrail. 6 v. in-8.
L'Homme des Bois, par Élie Berthet. 6 vol. in-8.
Les trois Fiancées, par Emmanuel Gonzalès. 3 vol. in-8.
Les Marionnettes du Diable, par X. de Montépin, 6 vol.
Le Diamant du Commandeur, par Ponson du Terrail. 4 vol.
Le Douanier de mer par Élie Berthet, 5 vol. in-8.
Mlle Colombe Rigolboche, par Maximilien Perrin. 4 vol. in-8.
Morte et Vivante, par Henry de Kock. 3 vol. in-8.
Daniel le laboureur, par Clémence Robert. 4 vol. in-8.
Les grands danseurs du roi, par Ch. Rabou. 3 vol. in-8.
Le Pays des Amours, par Maximilien Perrin. 3 vol. in-8.
La jeunesse du roi Henri, par Ponson du Terrail. 6 vol in-8.
L'Amour au bivouac, par A. de Gondrecourt. 5 vol. in-8.
Les Princes de Maquenoise, par H. de Saint-Georges, 6 v. in-8.
Le Cordonnier de la rue de la Lune, par Théod. Anne. 4 v. in-8.
La Belle aux yeux d'or, par la comtesse Dash, 3 vol. in-8.
La Revanche de Baccarat, par Ponson du Terrail, 6 vol. in-8.
Le Roi des gueux, par Paul Féval, 6 vol. in-8.
Une Femme à trois visages, par Ch. Paul de Kock, 6 vol. in-8.
Une Existence Parisienne, par Mme de Bawr, 2 vol. in-8.
Les Yeux de ma tante, par Eugène Scribe. 6 vol. in-8.
Les Exploits de Rocambole, par Ponson du Terrail. 8 vol. in-8.
Le Bonhomme Nock, par A. de Gondrecourt. 6 vol. in-8.
Le Vagabond, par E. Enault et L. Judicis. 4 vol. in-8.
Les Ruines de Paris, par Charles Monselet. 4 vol. in-8.
Les Viveurs de Province, par Xavier de Montépin. 6 vol. in-8
Les Coureurs d'Amourettes, par Maximilien Perrin. 3 vol. in-8.
La dame au gant noir, par Ponson du Terrail. 8 vol. in-8.
Les Émigrants, par Elie Berthet. 5 vol. in-8.
Les Cheveux de la reine, par madame la comtesse Dash 3 vol. in-8.
La Rose Blanche, par Auguste Maquet, 3 vol. in-8.
La Maison Rose, par Xavier de Montépin. 6 vol. in-8.
Le club des Valets de Cœur, par Ponson du Terrail. 8 vol. in-8.
Monsieur Cherami, par Ch. Paul de Kock, 5 vol. in-8.
L'Envers et l'Endroit, par Auguste Maquet. 4 vol. in-8.
Le Prix du sang, par A. de Gondrecourt. 5 vol in-8.
Nena-Sahib, par Clémence Robert. 3 vol. in-8.
La Reine de Paris, par Théodore Anne. 3 vol. in-8.
Un ami de ma femme, par Maximilien Perrin. 3 vol. in-8.
La Maison mystérieuse, par mad. la comtesse Dash. 4 vol. in-8.
Le Bossu, aventures de cape et d'épée, par Paul Féval. 5 vol. in-8.
La Bête du Gévaudan, par Élie Berthet. 5 vol. in-8.
Les Spadassins de l'Opéra, par Ponson du Terrail. 8 vol. in-8.
Le Filleul d'Amadis, par Eugène Scribe. 3 vol. in-8.
Les Folies d'un grand Seigneur, par Ch. Monselet 4 v. in-8.
La Vieille Fille, par A. de Gondrecourt. 4 vol. in-8.
Le Masque d'Acier, par Théodore Anne. 4 vol. in-8.
Le Juif de Gand, par Constant Guéroult, auteur de *Roquevert l'Arquebusier.* 4 vol. in-8.
La Princesse Russe, par Emmanuel Gonzalès. 2 vol. in-8.
La Fille Sanglante, par Charles Rabou. 4 vol. in-8.

Pour la suite des Nouveautés, demander le Catalogue général qui se distribue gratis.

Paris. — Imprimerie de P.-C. Bourdier et Cie, rue Mazarine, 30.

www.ingramcontent.com/pod-product-compliance
Lightning Source LLC
Chambersburg PA
CBHW060331170426
43202CB00014B/2743